起業を考えたら必ず読む本

株式会社フリーウェイジャパン
代表取締役
井上達也
Tatsuya Inoue

明日香出版社

はじめに

今、書店の起業コーナーに立っています。私の前には起業のしかたの本が43冊並んでいます。しかし、この中で実際に起業した人の本はたったの4冊だけです。

今まで多くの起業の本を読んで、大きな夢を膨らませている皆さんには大変恐縮なのですが、ほとんどの本に『本当のこと』が書かれていません。

なぜならあなたが読んだ起業の本は実際に会社を興していない人や大学教授、コンサルタントが書いたものだからです。不思議なことに、創業者が書いた起業の本はほとんどありませんよね。どうしてだと思いますか？

それは……みんな倒産しちゃっているからなんです。会社を設立して10年後に残っている会社は1割、20年でその1割と言われています。そのくらい起業して会社を存続させることは難しいのです。

若者からの支持を集めて一世を風靡した社長、ＴＶで偉そうなことを言っていた社長、どこに行ってしまったのでしょうか。皆さん、消えて行ってしまいました。

起業家とかベンチャー企業なんて言うと、何かカッコイイイメージがありますよね。フェイスブックのマーク・ザッカーバーグとかアップルのスティーブ・ジョブズとか……。

でも世の中、そんなに甘くはありません。

そこで、本書では起業について、創業社長でないと語れない、ウソのないホントの話をします。読んでからやっぱり起業はやめておこうとなるか、読んでおいてよかったとなるかはあなたしだいです。

えー、ご挨拶が遅れました。

私は株式会社フリーウェイジャパン社長の井上と申します。当社はインターネットを使ったクラウドシステムのメーカーです。会計、給与、販売管理などのクラウドシステムとしては国内最大級なので、ご存じの方もいらっしゃるかもしれません。

私は前職を29歳で退社、独立し当社を設立しました。当時を思い返しますと後輩たちから「よっ、青年実業家！」（当時、ベンチャーとか起業家という言葉はありませんでした）とおだてられ、まんざらでもなかったことを思い出します。

そして設立して半年後。お金が尽き、地獄のような日々がやって来ました。財布にはいつも小銭しかありません。

ある時は銀行に預金してある８００円を下ろすために、ＡＴＭで２００円預金し千円札に交換したこともあります。カードローンで20万円借りて、支払先にお金を払ってから、違うカード会社からキャッシングして、もうひとつのカード会社へ支払う……なんていうカードローン地獄の淵ものぞきました。

仕事は３６５日一日も休みはありません。祖父の葬式にも出ませんでした。葬式に行く時間がなかったわけではありません。もしその時に偶然、仕事が舞い込んだらお金がもらえるかもしれないという、はかない希望です。

もちろん、お金がないから自炊です。おかずは20円のもやしです。こんな生活を続けていれば病気にもなります。39度の熱が出てふらふらになりながらも18時間仕事をします。

「成功したかったから、こんなに頑張れたんでしょ？」

いいえ、そうではありません。お金がないという恐怖です。恐怖に打ち勝つには仕事をするしかなかったのです。

起業家というと株式公開を目指し、ベンチャーキャピタル（以下ＶＣ）から潤沢な資金を提供してもらい、素敵なビル、綺麗なオフィスで働くというイメージを持っているかもしれません。ＴＶでは若手のベンチャー社長が、「世の中を変えてやる」なんて言ってます。しかし、ほとんどの起業家は毎日毎日、死ぬほど働けど利益は増えずという状態です。銀行から借りたお金の支払いに怯えて、日々を過ごしています。

偉ぶるつもりはありませんが、本書を手にとってくれたあなたに、今まで培った私のノウハウをすべてお教えいたしましょう。おかげさまで、私の会社は創業25年を迎えていますが、創業したのち、経営が軌道にのるまでに経験したこと、そこで身につけた知恵などを包み隠さず、お伝えいたします。

なお、本書は会社経営の本「小さな会社の社長の戦い方」「小さな会社の社長の勝ち方」（明日香出版社）と若干、重複するところもありますが、本書を読まれて、もっと会社経営について知りたいということであれば、併せてお読みいただければと思います。

株式会社フリーウェイジャパン　代表取締役　井上 達也

起業を考えたら必ず読む本　もくじ

第2章 会社を辞める前にしておくこと

第3章 会社の設立、本に書かれていないこと

第4章 会社を作ってはじめにやること

第5章 起業後の会社経営とは？

第6章 起業家の失敗例を知る

第7章 熟年起業について考える

第8章 起業して成功するためのヒント

カバーデザイン：ISSHIKI

第1章

起業を思い立った時にすること

この章で考えておきたいこと

「よしっ！ 善は急げだ。会社を立ち上げるぞ！」

あなたの気持はよくわかりますが、ちょっと待った！

勢いだけで起業しても会社経営はうまくいきません。

特に「今の会社が嫌だから起業でもしようかな」といった甘い考えでは、成功することは難しいでしょう。

起業というのはとんでもなく強い意志と、何があってもやりぬく決意が必要です。もし、「そこまででもないなぁ」と思ったら、今の会社にいて一生を過ごしたほうが楽しい人生を送れると思います。

私は子供の頃から会社を経営しようと考えていました。大学卒業後すぐに会社を作ろうとも思いましたが、社会のしくみはおろか名刺の渡し方も知りません。

そこで、小さな会社に就職していろいろなことを学びその後、起業しようと考えました。

就職してからしばらくの間は、一日も早く起業したいと思っていましたが、前職は待遇もよく仲間にも恵まれ、だんだんと起業家としての野望の火は小さくなっていきました。

そして29歳になった時、

「このまま30歳になってしまったらたぶん起業は一生しないだろう。辞めるなら今しかない」

と、何も考えずに辞表を提出し退社しました。その時は特にこれをやりたいということもありませんでしたし、へんな焦りもありませんでした。

「さて、今日は何をしようかなぁ」

こんなお気楽な感じです。たまに後輩が持ってくる仕事をなんとなくやって日々を過ごしていました。

しかし、そんな生活が長く続くわけはありません。

その後、貯金が尽き、銀行から借り入れをしてからが、地獄のはじまりでした。

あなたが私と同じようなまわり道をしないように、まず「起業を思い立った時にすること」をお話しします。

01

起業は持っているお金でスタートする

「起業しようと思っているんですが、なかなかお金がたまらなくて……」という人がいます。

やりたいことが何なのかは人それぞれですが、正直言って、起業とお金はあまり関係がありません。

今使えるお金が100万円なら100万円でできるビジネス、300万円なら300万円でできるビジネスを立ち上げればいいのです。

つまり、「このビジネスはいくらかかるから、そのお金がたまったらはじめよう」ではなく、「今あるお金からやれるビジネスで起業すべきだ」という考え方です。

たとえば、いきなり小学生に1万円のお小遣いをあげる親はいませんよね。100円なら100円、1,000円なら1,000円の使い方があるはずです。子供はこうしてお金の使い方を学んでいくのです。

経営者も同じです。小さなお金の使い方を覚えることで、大きなお金を有効に使えるのです。

焦ることはありません。あなたがやりたいビジネスの準備、練習として、まず今、持っているお金ではじめられるビジネスで起業し、その中で本来やりたい仕事へ軌道修正していけばいいのです。

こういうアドバイスをするとなかには、

「いや、そうは言っても、もうやることが決まっているんです！」

と、返してくる方が必ずいます。

そんな人が少なくないからこそ、私はこのアドバイスを送りたいのです。

これまで、起業家で「これを売るために独立するんだ」と初めから決めている人の失敗例を私はたくさん見てきました。ブレないとか一本筋が通っているという言葉は何か日本人的にカッコイイ言葉ですが、会社経営ではマイナスに働くことが少なくありません。

なぜかと言うと、ビジネスは水モノだからです。世の中の流れやＩＴの進化、法律の変更により、ビジネスはどんどん変化していくということを忘れてはなりません。

「最も強い者が生き延びるのではなく、最も賢い者が生き延びるのでもない。唯一生き残るのは、変化できる者である」

これは、ダーウィンが残した名言と言われていますが、まさに起業の世界でもあてはまります。

最初から「俺がやる事業はこれしかない」と決めてしまう人は、社会の変化に対応できず、最終的にビジネスの世界から退場させられてしまうかもしれません。

私自身、今はクラウドシステムメーカーを経営していますが、起業当時はクラウドという言葉はもちろん、インターネットもありません。フロッピーディスクやトナーなどのパソコンの消耗品を毎日せっせと売っていました。その当時、自分が将来はクラウドシステムメーカーの社長になるとは、想像したこともありませんでした。

ビジネスも時代も刻一刻と変化し続けていますし、あなたの考え自体が変わってしまうかもしれません。ですから最初から、こうでなければならない、これを絶対にやりぬくんだというのではなく、もっと起業に対しては柔軟に考えておくことをお勧めします。

02 今までの仕事の延長線で考える

たまに脱サラして、「これは儲かりそうだ」と、今までとは全然関係ない商売をはじめようとする人がいます。残念ですが、成功する可能性は低いでしょう。

業界で長年、さまざまな経験を積み、たくさんの人脈を持っている人でさえ失敗するのが、会社経営です。

ましてや、経験がない素人同然の人が起業してうまくいくというのは、非常に稀なことと言えます。まったく畑違いの仕事に手を出し、借金まみれになり、行方不明になった友人もいます。

だから、最初は、まず自分が働いている会社に関連する仕事で、起業することをお勧めします。前述した通り、できるだけ小さなお金で、できることを考えるとなお、いいでしょう。

とはいえ、あなたが勤めていた会社の取引先が大手企業ばかりの場合、それもなかなか難しいかもしれません。おわかりのように大手企業というのは、実績がない小さな会社を相手にしないからです。

もし、時間的な余裕があれば、自分がやりたい仕事の延長線上の会社に、一度転職してから起業する、というのもひとつの手です。

はやる気持ちはわかりますが、お客様が具体的に見えてくるまでは、起業せずにじっくり待つことも重要なのです。

起業する前にあなたがやるサービスや販売する商品を買ってくれるお客様がすでにいる、つまり見込み客がいる状態ならば、素早くスタートダッシュを切ることができます。

後述しますが、起業はスピードの戦いです。今の仕事の延長線上ならば仕事のノウハウもありますし、現在の仕事をしながら見込み客を増やしていくことができるでしょう。

03 やりたいことがお金になるとは限らない

これをやりたいから、こんな仕事がしたいから起業するという人がいます。それは悪いことではありません。自分が好きなことなら、時間も忘れてとことん仕事に打ち込むことができるでしょう。

ここで、頭に入れておいてほしいのは、やりたいことがお金になるとは限らないということです。

もちろん、「全然儲からなくていい、私はこの仕事がしたいんだ」という人もいます。そういう人は何をしてもらってもかまいません。

「料理が好きだから飲食店をはじめる」「釣りが好きだから釣具店をはじめる」などと、はじめることは誰でもできますし、人間の幸せとはお金だけとは限らないからです。

しかし、もしこの時、「少しでもお金を儲けたい、生活費ぐらいは稼ぎたい」と考えるならば、お金になる仕事かどうかをまず考えるべきです。

つまり、それが儲かるかどうか、お客様がお金を払ってくれるかどうかは、まったく別の話なのです。

忘れがちですが、事業とは、お金を払ってくれる人がいるかどうか、どこの誰に売れるのかが、重要なのです。

とはいえ、稼げる事業かどうかの判断は、やさしいものではありません。

「こういうことに困っている人がいるはずだ、需要があるはずだ」

このように考えて起業しても、困ってはいるけれどお金を払うほどのことでもないと思われたり、ほしいけれど値段が高すぎるということもあるでしょう。

そこで、大きく外さないためにも、実際にあなたが「これは知り合いの〇〇さんなら、必ずお金を払ってくれるはずだ」と具体的な名前を言えるものでないと、事業としては成り立たないと考えるべきです。

たとえ、あなたがやりたい仕事がいかに素晴らしい事業で社会貢献にもなるようなものでも、誰もお金を払ってくれないのでは、スグに行き詰まってしまいます。もし自分のやりたいことがお金にならない、儲けにくいならば、違う商売を考えたほうがいいでしょう。

04 普通に売っているものを売る

「新しくこんなものを売りたい、こういう斬新なサービスをみんな求めているハズだ」

こう意気込んで起業する人もいますが、たいていは全然売れなくて撤退します。なぜそうなってしまうのかというと、起業時の会社経営と会社が安定してからの会社経営は、事業のやり方が少し違うからです。

起業して数年経ち、ある程度お客様もあり資金もある状態。つまり事業がそこそこ成功しているという場合には、今までにない新しいものに手を出しても問題ありません。

しかし、起業というのは一発勝負、失敗は許されないのです。

だから、新しいサービスや斬新な商品があっても、まずは普通に売っているものを売ったほうがリスクを回避できます。

そもそも、今まで誰も考えついたことのないもの、世界で初めてというものはなかなか売れないからです。日本人だけでも1億人以上いるのです。その1億人が考えたこともないものはたぶん売れません。それに、あなたが世界初だと思っているだけで、本当はどこかの誰かが販売し売れずに撤退しているのかもしれません。

ですから起業後、ある程度会社が軌道に乗るまで、まったく新しいもの、斬新なものは我慢してください。売上が安定し利益が出はじめてからでも、遅くはありません。

つまり、特別なものを売る必要はありません。

物販なら消耗品や生活用品の販売でもいいですし、サービスならエアコンや家のお掃除などありふれたものでいいのです。消費者が聞いてすぐわかるもの、商品自体に信用があるもの、これが普通のものです。

こういうものならば、あなたが何者であっても聞いたことがない会社であっても、今まで他の店で買っていたものと同じものなら安心して買ってもらえるのです。

こうした、みんなが知っている普通のものを少し安くしたり、サービスをよくしたりして、まずは会社を軌道に乗せることが、起業時には重要なことです。

05 カレー屋とラーメン屋、どちらが儲かる？

「成功するにはどんな業種を選べばよいか」

こんな質問を起業家からされることがあります。

要は、カレー屋のほうがうまくいくか、ラーメン屋のほうがいいのか、みたいな質問です。

断言できることは、この業種なら成功するとか、この業種はダメといったものはないということです。

考えてみれば、わかります。成功しているラーメン屋もあれば、失敗しているラーメン屋もあります。１００円ショップをやれば、みなダイソーみたいになるわけでもありませんし、ビデオ店を開けばツタヤになるわけでもありません。

重要なのは、どんな業種を選ぶのかではなく、どうやるか、やり方なのです。

つまり、普通に売っているものや一般的なサービスをあなたの工夫、努力でどう差別化するかが成功の鍵なのです。

とは言っても、最初はどう工夫すればいいか、わからないかもしれませんので、少し視点を変えます。

あなたが入ったお店、受けたサービスで、「こうやったらもっと儲かるのに、こうしたほうがお客様も喜ぶのにな」と感じたことはないでしょうか？

こういった小さな気づきが成功には必要です。提案ですが、日々の生活でこういった気づきをメモしてみてはいかがでしょうか？

日頃からビジネスのやり方に着目し、改善点を見つけるように心がければ、それが事業を起こす際のトレーニングにもなります。

くり返しますが、起業を成功させるために重要なことは、普通に売っているものをあなたの考えた方法や独自のサービスで売るということです。あなたの日常に起業のヒントが数多く、埋もれているのです。

06 ビジネスのネタは誰かが出した広告で

世の中には広告があふれかえっています。家から会社に行くまでの間、いくつ広告を見るでしょうか？

朝起きて新聞を見るとそこに広告、メールをチェックしようとパソコンを開くと広告、スマホにも広告、電車に乗れば……とキリがありません。とにかくどこもかしこも広告だらけです。それを邪魔な広告だなと思うか、ありがたいと思うかが運命の分かれ目になるかもしれません。

なぜなら誰かが広告を出すということはそこにビジネスがあり、広告を見てお金を払う人がいるという証拠なのです。情報感度が高い人は、こうした広告からビジネスのヒントを見つけることもあります。

先日、近所のスーパーに『勉強が大嫌いな子の塾』という小冊子が置いてありました。その後、会社のそばのファミリーレストランにも『勉強してもスグ飽きてしまう子のための家庭教師』という小冊子が置かれていました。

ここから次のように仮説が立てられます。

「普通、塾は偏差値の高い子供を集めて、塾の優秀さを伝えようとするはずなのに、この広告は真逆だ。また塾の広告は普通、新聞折込のチラシなのに、高額な小冊子を作るということは事例がないと親が信用しないからかもしれない。つまりこの広告のターゲットは勉強についていけない子供に困り、そのために高いお金を払う親ではないだろうか」

さらに、「この広告に反応する親は、勉強の大切さを知っているから頭がいい人ではないか。多額のお金を支払えるということはお金持ちではないか。小冊子がスーパーやファミレスに置かれていることから、これを手にとるのは父親ではなく母親だろう」と、最終的にこの広告のターゲットは「頭のいい奥さんで家がお金持ち」という推測ができます。

数多ある広告がすぐビジネスに役立つかどうかは別として、「どうしてこういう広告を出すのだろうか」と考えるクセがついていると、ひょんなことから自分のビジネスとのつながりを発見したり、今までにない新しいビジネスモデルを思いつくかもしれません。

知り合いの成功社長が「ＦＡＸで来るＤＭはいいよね。いながらにして無料でいろんな情報を教えてくれる」と言っていました。他社が出した広告は情報の宝庫なのです。

07 商売は片手が必要

10年以上前、私は起業家の支援団体、日本エンジェルズフォーラムという団体に協賛していたこともあり、多くの起業家が私の会社へ相談にいらっしゃいました。当時トラックの配送システムを販売したいという社長が来た時のお話です。

社長「GPSを使ったトラックの配送システムなんですけど、今どこにトラックがいるか、どのルートを何時に通過したのか、履歴も残るシステムで起業しようと思っています」

私「そうですか。どんなものかわからないので、試作品でもいいから見せてください」

社長「いいえ、まだ作っていません」

私「そうですか。社長はトラックの関連業種、物流の配送にコネクションがあるんですね」

社長「いいえ、ありません」

世の中ではこれを妄想と言います。システムもないしツテもない。単純に頭のなかだけで、作ったしくみです。こんなものが売れるはずもありません。

この社長には早々にお引きとりいただきました。商売というのは片手、つまりお客様か商品かどちらかがないと、スタートできないものです。先のトラック配送システムだと「配送システムは作ったけれどお客様がいない」、または「お客様はいるけれど配送システムがない」のどちらかならば、スタートできます。何もない状態でうまくいくはずがありません。

しかし、この人を笑うことはできません。こういう起業家はたくさんいます。特に脱サラして飲食店を経営しようとする人にこの傾向があります。お客様もいない、飲食店で働いたこともない。そんな人がはじめる商売がうまくいくはずもありません。ちなみに飲食店の倒産率は3年で5割だそうです。まさに自殺行為と言えます。

まずは片手を用意しましょう。ノウハウのある商品やサービスで事業をはじめるか、既知のお客さんへ販売する事業をはじめるか。起業はどちらかがないとスタートすることができないのです。

08 最初はストックの商売よりフローの商売

数千円ですが、毎月売上が上がっていくという商売に手を出す起業家がいます。これは会社経営として間違っているわけではありませんが、起業家が最初にやるビジネスではありません。

毎月黙っていてもお金が入る売上をストックビジネス、売らなければお金が入ってこないビジネスをフロービジネスと言います。

■ビジネスモデルは大別して2種類

①ストックビジネス
②フロービジネス

毎月、営業しなくてもちゃりちゃりとお金が入ってくるストックのビジネスは、非常に魅力的なのですが、入金額が小さすぎるのが難点です。

起業とは時間との戦いです。起業家はストックではなく、フローのビジネスからはじめるべきです。

なぜなら今月売上3万円、翌月5万円……と毎月小さなお金しか受けとれなければ、そのうちに、結局は資金繰りで会社が倒産してしまうからです。

起業家は、自分の給与や経費もコストと考えなければなりません。あなたが「数年間1円も会社からもらわない。広告費も交通費も自分で負担する」と言うのなら、ストックビジネスでもうまくいくと思いますが、そういうわけにもいかないですよね。

もし初めから毎月売上があるストックビジネスをしたいのであれば、初期費用を必ずとるしくみにしてください。できれば初期費用40万円以上が望ましいです。フルコミッションの営業会社のインセンティブはなぜかどの会社も40万円です。

1か月間にひとつしか売れなくても今月どうにか生活できる程度のお金が入るということは、起業家にとって非常に重要です。

とはいえ、フローのビジネスがいいと言っても、一度売ったらもう売れないという商品、いつも新規を追い求めるサービスは大変です。できれば何か再度買ってもらえる商品か、追加で注文が来るような事業がいいでしょう。

消耗品ビジネスはその最たるものです。ストックビジネスではありませんが、定期的に売上が上がります。何度でも食べたい美味しいお菓子やターゲットの絞られた健康食品、お年寄りをターゲットとした便利屋なども再受注がありそうです。

また、アップセルと言って、以前購入したものより上級グレードの商品やサービスを作り、既存の顧客にさらに販売するという方法もあります。

ビジネスを考える時には売った後のこと、未来を想定して事業を考えてみるといいでしょう。

09

世界中の人に売らない

たまに、人類なら誰もがほしがる、夢のような商品を売ろうとする起業家に遭遇します。「東京には今1300万人以上の人が住んでいて、日本人の人口は1億2000万人以上、世界なら……」

とにかく話がでかい。こういう夢のような商品は逆に言うと、誰にも売れない商品、ターゲットを絞りきれていない商品とも言えます。

それに、そもそも誰もがほしがるような商品をとり扱う場合、それ相応な費用が必要となります。

多くの人に売るなら、商品を知ってもらうための広告費も膨大です。人を雇う必要がありますし、倉庫や配送などの物流コストもかかります。お金にしても人にしても、会社を作ったばかりの起業家の手に負えるようなビジネスではありません。

あなたの商品は世界中の人が買ってくれなくてもいいのです。特定の地域のごく一部の人が買ってくれるものでいいのです。つまり『お客様の見える商品』です。

また、ターゲットや見込み客が多ければ多いほうがいいと考えて、何千人もいる団体や、加盟企業が多い公共団体などへ積極的にアプローチをする起業家もいますが、たいていは徒労に終わります。その団体に入っている人が買うかどうかは、その人ひとりひとりの判断なのです。団体が強制的にあなたの商品を買わせることはまずありません。

前提として、規模が大きければ大きいほど、団体の会員への影響力は弱くなります。

「某所の商工会議所と提携しました。これでうちの商品も爆発的に売れると思います」

こう言っていた起業家の方に1年後お会いしましたが、結局ひとつも売れなかったそうです。母数の大きなものほどあてにならないのです。

むしろコミュニティに会員が十数人ほどで、「ちょっと説明してくれないかなぁ」。こういった話のほうが商品は売れるのです。

10

値段のあるものを売る

世の中には値段のないものを売る人がいます。

「えっ、そんな人いるの?」

こう思われたかもしれません。

そこで、今まであなたがもらった名刺を見てください。半分くらいの人が値段のないもの、つまり見積もりを出さなければならない商品やサービスを売っている人ではありませんか?

税理士や社会保険労務士といった士業は、ある程度の相場がありますので、値段がとんでもなく高い、安いということはありません。

一方、デザイン、コンサルティング、工事などは、見積もりをもらわないと、値段がわかりません。

ひとつ数百万円の高額なものを売るならば、見積もりを出す商売も「あり」なのですが、利益の少ない商品やサービスならば、定価があるものを売ったほうが販売しやすいでしょう。

起業家は時間との戦いです。定価のないものは売れる見込みのない人や、そもそも買う気のない人がやってくる可能性があります。

昔、魚を扱う問屋さんから鮮魚の管理システムを作ってほしいと依頼されたことがあります。

私は丸2日間かけて市場や倉庫、事務所に行って現在の管理方法を綿密に調査し、社長に見積もりを渡しました。見積もりは８００万円です。

すると社長から「なんだ、こんなシステム数十万円で作れると思ってたよ。こんなに高いならいらないよ」と言われ、まったくお話になりませんでした。

私の知り合いに、「初回は無料相談で、相談内容によりお見積もりいたします」というしくみにしていたコンサルタントがいましたが、見積りを作ってもお客様が考えている金額とはかけ離れていて、契約がひとつもとれなかったそうです。

とはいえ、見積りしなければならない商品もあるかと思います。その場合でも適当でいいので、値段の目安をつけることをお勧めします。金額例という形で表示してもいいでしょう。

①サービスの内容を紹介する
②サービスの料金例を提示する

こうすることで冷やかしのお客様や、相場感のないお客様からの問い合わせから、逃れることができます。

起業家は売れるお客様と売れないお客様をいかに早く選別するかが重要です。引っ張りまわされた挙句、結局売れなかったということがないようにしたいものです。起業家に無駄な時間は一切ないのです。

11 季節のあるビジネスはやらない

なぜ、スキー場のカレーライスは美味しくないのに、値段が高いのでしょうか？　おわかりのようにスキーは行う季節、時期が限られているからですよね。スキー場で商売をしている人は、たった数か月間のスキーシーズンで1年分を売り上げなければなりません。そのため、単価が普通よりずっと高いわけです。もし雪が降らなかったら、売上は大打撃です。

スキー板のチューンナップショップを経営している友人がいますが、冬以外はまったくヒマで仕事がないと嘆いています。春はテニス、秋はハイキングとさまざまな企画を打ち出していますが、生活できるレベルまでの売上にはいまだに達していません。

資金に余裕がある経営者ならともかく、起業家はこうした一定の季節にしかできないビジネスを行うべきではありません。季節に関係なく、売れ続ける商品やサービスかどうか見直してみましょう。

また、季節のあるビジネスとは、何もスキー場や海の家のようなものだけではありません。

たとえば、夏に鍋料理を食べたい人は少数でしょうし、冬にかき氷を売ってもそんなには売れないでしょう。

年賀状や雛人形などの年間行事に関係するものも季節商品です。一定の季節にしか売れないもの、自然や天候に左右される物など一定の要件の上でしか売れないものは、起業家にとっては危険なビジネスと言えるでしょう。

12 ニーズを自分で作らない

占い師が自分自身を占えないのと同様に、経営者は時として勝手な思い込みでニーズを作って失敗することがあります。

ある時、新しい化粧品を作った起業家が相談に来られました。どういう商品かお聞きすると食べられる化粧品とのこと。

「井上さん、小さいお子さんがいる家庭だとお母さんの化粧品をいたずらする子もいます。中には化粧品を食べてしまう子もいるんです。そこで当社では食べても平気な化粧品を作りました。こうした悩みを持っているお母さんは多いと思うんです。ためしに食べてみてください」

こう言われ、しかたなく食べてみました。言うまでもなく美味しいものではありません。

さてさて、食べても平気な化粧品って、本当にニーズがあるのでしょうか？

小さなお子さんがいる家庭のお母さんで、こういうことに困っている人がいるのかもしれませんが、ニーズと言えるほどのものではないと思います。

ニーズというのはお金を払ってでも、今スグ手に入れたいものなのです。お客様が「買いたい」と強く思わない限りは、財布のひもをゆるめることはありません。ご自身が買う側の立場になれば、この購買心理は理解できるはずですが、商品開発をする時になるとすっぽりと抜け落ちてしまう人がいます。

新しい商品やサービスを考え出すのはいいことではありますが、ビジネスとしてやってみる前に、本当にニーズがあるかを冷静に自問自答してみてください。

13 マッチングビジネスが一番難しい

どんなビジネスが一番難しいかというと、それは「マッチングビジネス」です。

マッチングビジネスとは、街コンや人材紹介、M&A、オークションなど売り手と買い手を結びつけるビジネスです。資本が少なくてもスタートは比較的簡単ということもあり、マッチングビジネスを事業として考えている起業家がいるかもしれません。

しかし、マッチングビジネスは参入しやすい反面、継続するのが非常に難しいビジネスなのです。そのため、起業家にはハードルが高いビジネスと言えます。

なぜ、マッチングビジネスが難しいかというと、卵が先か鶏が先かという点、つまり両方の顧客を同時に集めなければならないからです。

たとえば、人材紹介会社をスタートした場合、次のような事態に見舞われます。

人を募集している会社をまず集めようと、会社の担当者に話をすると、「オタクの会社に登録している人は何人ぐらいいるの?」と聞かれます。逆に応募者からは「何社ぐらい紹介先があるのですか」と聞かれます。ゆえにどちらも同時に集めなければならないのです。しかも長く時間がかかってしまうと、せっかく集客した会社や人が離脱しかねません。

このように、両方を同じ速度で集客しなければならないため、集客コストも高くなります。またマッチングさせても途中で破談になる可能性も高いので、お金にするのもなかなか難しいビジネスです。

十数年前、求人サイトを立ち上げたことがあります。

企業は当初無料とし、1、000件近く求人情報を掲載しました。半年後、求職者からのアクセスも多くなったため、企業へ「そろそろ有料にします」と告知したところ、なんとすべての会社から解約されてしまったのです。アクセスは多いもののマッチング数が少ないので、お金を払ってまで継続したくないとのことでした。

いくら魅力的に見えても、起業家はマッチングビジネスに手を出さないほうが無難だと考えるようにしてください。

14 自分で全部やれるビジネスかどうか

起業したてにもかかわらず、自分に足りない部分を補うために人を雇ったり、外注したりする社長がいます。

これは資金が潤沢ではない起業家がやることではありません。起業してしばらく経つまで、自分自身でできない仕事、人に頼らなければできない仕事は選択しないほうがいいと考えましょう。

会社経営は何が起こるかわかりません。経営者というのは資金が尽きて外注先に支払えない、社員が突然辞めた、取引先が倒産してしまったということがあっても、自分ひとりでなんとかしなければなりません。それが会社経営というものです。

サラリーマン時代には困ったことがあっても、会社や上司がなんとかしてくれましたが、起業したらあなたしかいません。自分自身でなんとかできないものをビジネスにするのは非常にリスキーです。

ここで、ある起業家がホームページ作成の仕事をはじめた例をあげましょう。彼は営業が得意なものの、ホームページの作成は素人でした。

そのため、ホームページの製作は外注し、自分は営業だけをすることにしました。抜群の営業力で、見る見るうちに売上が上がっていきました。

ところがある日、彼が販売したホームページでトラブルが起きてしまったのです。彼にはどうしようもありません。後に、彼が信頼していたホームページ製作会社は、レベルが低い会社だったことが判明しました。製作会社もトラブルの原因がまったくわからない状態です。彼はどうしてよいかわからず途方に暮れました。

起業を志す人のなかに、事業は何でもいいからとにかく起業したい、社長になりたいという起業家がたまにいます。

こういった人の中には、この事業をやりたいというのではなく、自分の持っているスキルさえ活かせればいいと考えている人は少なくありません。販売が得意、人脈があるなど、さまざまなパターンがありますが、事業そのものには大して興味はなく、自分のスキルで勝負しようとしているんですね。

スキルを活かすという考え方は素晴らしいと思いますが、先ほどの起業家のように、ホームページの製作については一切何もわからないということでは困ってしまいます。

得てして、スキルで起業しようとしている人は、自分はそのことに関しては知らなくていい、学ばなくてもいいと考えている人が多いように感じます。それは大きな間違いです。もしスキルで起業するなら、最初はよくわからなくても、猛勉強してその道の専門家になるまで知識を蓄えてほしいところです。外注先がたとえなくなっても、自分でなんとかできるレベルまでは勉強しましょう。

社長業とは、誰も助けてくれない孤独な仕事です。起業家はトラブルの時に自分自身でなんとかできるビジネスしかやってはいけません。もし、スキルを活かすために外注したいのなら、次のステップを踏んでください。

・知識を蓄え、自分でなんとかできるまでレベルアップする
・その上で効率を上げ、売上を加速させるために業者へ外注する

「俺が詳しく知らなくったって、外注先ができるっていうからいいんじゃないの」

そう思うかもしれませんが、一通り学ぶことに意味もあります。自分のスキルや知識が低ければ、トラブルへの対応はもちろん、依頼する外注先の仕事のレベルさえわかりません。世の中には、仕事が適当な会社やレベルが低いくせに、広告だけがうまい会社がいくらもあるのです。そんな会社に頼んでしまったら大変です。

起業時はすべて自分でできることだけをする、どんなことを聞かれても確実に答えられるというレベルに達していなければ、起業しても成功とはほど遠いことになるでしょう。

『29才、オヤジの小さな会社を継いで年商20億円にした私の方法』（明日香出版社）という本を書いた並木達也社長は、親が経営する薬の関連の会社を引き継ぎましたが、それまではサラリーマンとしてまったく畑違いの会社に勤めていたため、薬の知識はまったくなかったそうです。

そこで並木社長は、まず知識をつけなければならないと薬の辞典を一冊全部丸暗記したそうです。

こうした努力なしに事業が成功することはないのです。

15

10円支払う人と支払わない人の差は大きい

フリーミアムというビジネスモデルを知っていますか？

ポータルサイトを作り、閲覧は無料にしバナー広告で収入を得る、無料でシステムを配り高機能のものが使いたい場合には有料にする、ゲームは無料でアイテムに課金するといったビジネスです。無料ですからユーザーは増えるのですが、有料に切り替える人はほとんどいないというケースに陥りがちです。

そのため、これらが成功するのは、資金が潤沢にある老舗企業や大手企業だけと考えていいでしょう。リスクが大きいため、起業家が手を出すビジネスではありません。

今から十数年前、起業家や中小企業向けのビジネス倶楽部を立ち上げた会社がありました。会員向けにビジネス文例集や助成金補助金システム、経営者向けの月刊誌を半年間無料で提供していたこともあり、数か月で１万人の起業家、経営者を会員にしました。

社長は元監査法人の公認会計士だったため信用力もあり、ＶＣ（ベンチャーキャピタル）

から数十億円のお金を集め、社員も数名から一気に100名を超えたそうです。

ある日、その会社の取締役が弊社に訪れた時、彼らの事業計画を見ると、3年後には有料版を使う人が10万人と書いてありました。

「当社は3年後には株式公開を行います。井上さんのところのコンテンツを売ってください」

先方はこう切り出してきたのですが、私はうまくはいかないように感じていたのです。

「いいですけど、御社のビジネスがうまくいくとは思えないので、前金でいただけますか」

取締役は激怒しましたが、その後この方とは和解し親しくなったため、お金も後払いでいいですよと伝えました。

そして半年後、「井上さん、実は先月から有料にしたのですが、芳しい状況ではありません」とのこと。状況をお聞きすると有料版になった途端、1万人の会員は数名になってしまったそうです。

無料の人は無料だから使う人なんです。たとえ料金が10円であっても「お金を払ってください」と言った瞬間から、みんな蜘蛛の子を散らすようにいなくなってしまうものと考えておきましょう。

16 ビジネスモデルを考える

成功している会社には、きちんとしたビジネスモデルがあります。

「あっ、それならうちもありますよ。商品をとことん安く仕入れて、幅広い客層に売る。これがうちのビジネスモデルです」

いえいえ、そういう話ではありません。ここで言いたいのは、他と異なるコンセプトというか収益のしくみという意味でのビジネスモデルです。

たとえば、ディスカウントショップはドン・キホーテが有名ですよね。他にもロジャース、コメ兵、オリンピック、ラ・ムーといったディスカウントショップもあります。

しかし、その中で突出して成功しているのがドン・キホーテです。

さて、ドン・キホーテは他のディスカウントショップと、いったい何が違うのでしょうか？

陳列方法でしょうか、立地でしょうか、仕入れでしょうか？

どれも違います。ビジネスモデルが違うのです。物販としてのドン・キホーテの収益率は他のディスカウントショップとたぶんあまり変わらないでしょう。

ちょっと思い出してください。

ドン・キホーテの駐車場には、たこ焼き屋とかクレープ屋とかが営業していますよね。店内のワゴンの前ではサングラスだけを売っている人もいます。

実は、ドン・キホーテが、他のディスカウントショップと違うのは、店内のすべてを一日いくらで貸しているところなのです。

極端な話、ドン・キホーテはテナントのレンタル業と言えるでしょう。通常のディスカウントショップと同様の販売もしていますが、駐車場や店舗スペース、店内のワゴンなどの販売スペースを業者に貸して収益を上げているのです。なんと店内の壁や自動販売機にポスターを貼る権利まで貸しています。

つまりドン・キホーテという集客マシンを利用したテナントレンタルにより、高い売上と利益を生み出しているのです。

ところで当社、フリーウェイジャパンは経理、給与、販売管理などのクラウドシステムを無料で提供していますが、「お宅はそんなことやっていて、会社は大丈夫なの？」とよく聞かれます（笑）。実はこのサービスは会社からお金を一切もらわなくてやっていけるビジネスモデルなのです。

一般的にクラウドメーカーは数か月間無料で使えますとか、この機能を使いたいなら有料版にしてくださいというのがビジネスモデルです。

しかし当社は、ほぼ全部の機能を無料で提供しています。無料と有料の差は処理できる社員の数などです。

ではどこから収益を上げているのかというと、こういったコンセプトに賛同する税理士事務所からお金を頂戴しているのです。

具体的には、次のような流れです。

・税理士事務所が会社から顧問を依頼される
・その会社の会計ソフトはすでにフリーウェイ経理という無料システムを使っている
・それならうちの事務所でもフリーウェイ経理の有料版を購入しよう

つまり税理士事務所からお金をもらうことで、会社は無料でシステムをずっと使うことができるのです。

あなたも業界全体は低調なのに、どうしてこの会社だけが儲かっているんだろうと不思議に思ったことがありますよね。世の中で成功している会社には大なり小なり何か秘密があるのです。

最後に問題です。

国内のビデオショップの6割以上はツタヤです。なぜツタヤは後発なのにこれだけ成功したのでしょうか?

もちろんビデオレンタル業としてではありませんし、Tポイントカードでもありません。

ヒントは金融商品です。ちょっと考えてみてください。

第2章

会社を辞める前にしておくこと

この章で考えておきたいこと

「前職を綺麗さっぱり辞めて心機一転、今までできなかった新しいビジネスを立ち上げよう」

気持ちはわかります。

私も当初、前職とはまったく違うビジネスをしましたし、勤めている時には自分の会社で何をするのかも決めていませんでした。準備なんて何もせず、ポンと社長になってしまったのです。これが苦労のはじまりとも気づかずに……。

起業というのはイコール資金繰りとの戦いです。起業してから、「さてさて、どうしましょう」なんてことをやっていたら、スグに資金は尽きてしまいます。まずは勤めている時に自分の会社の基礎を固めておくべきです。

この章では、会社に勤めているうちにできる会社設立の準備をお話しします。

17 クレジットカードは起業したら作れない

「実は会社を作るんだ」

銀行の友人に話したところ、このようなアドバイスをいただきました。

「それなら今のうちにクレジットカードをいくつも作っておいたほうがいいぞ、自分で会社を作ったら数年はカードを作れないからな」

言われるまま、私は有名な会社のクレジットカードを数枚作りました。

起業するまでクレジットカードなんて一回も使ったことはありませんでしたから、「そんなものなくたって、別に困らないけどなぁ」としぶしぶカードを作ったのを覚えています。

そして1年後。銀行の友人の言うとおりでした。短期の数万円のお金にも困る毎日。起業して数年はクレジットカードが擦り切れるほど利用しました。

会社設立当初、自分の会社の社員はクレジットカードが作れるのに、「どうしてオレ自身はクレジットカードが作れないのかなぁ」と奇妙に思ったこともあります。

話はものすごく単純です。つまるところ、起業家は社会的にまったく信用がないということです。

サラリーマンというのは、今の会社を辞めても次の会社に転職すれば、収入があります。それに対し、社長はとんでもないほどの借金を抱えることになるかもしれません。売掛金が回収できないこともあります。金融機関は、そのことをよく知っています。だから信用がないんです。

ですから、起業の前にはまずクレジットカードを数枚作っておきましょう。

昔、弊社の社員がパソコンを十数台受注しました。大きな売上で彼は大喜びです。パソコンを秋葉原で買えば50万円くらいの利益になるはずです。でも、私は浮かない顔です。なぜなら、手元には現金がないからです。結局、カードでお金をかき集め、パソコンを買うことになりました。

起業すればわかると思いますが、来週、入金される予定なんだけど今は現金がまったくないという状況は常にやってくるのです。

18 知らない幸せ、知る不幸

勤めている時にやっておくことで重要なのは、自分自身のレベルアップです。セミナーでもいい、本を読んでもいい。とにかく給与をもらいながら会社経営の勉強をしておくことです。起業したらのんびり本を読む時間なんて、まずありません。

私は起業した当時、「まぁなんとかなるだろう」なんていう甘い気持ちでＤＭを出し、電話がかかってくるまでＴＶを見るという毎日でした。ＴＶにも飽きて、少しは経営の勉強したほうがいいのかなぁと思い図書館へ行きました。

ところが、まず何を読んだらいいかわからない。そこで名前を聞いたことがある松下幸之助と本田宗一郎の本を借りました。ここで感動したと言えば、いい話になるのですが、当時の私は、「まぁ昔だからうまくいったんじゃないの」という感じでまったく共感しませんでした。当時、経営学はもちろん、簡単な自己啓発本を読んでも、著者がいったい何を言いたいのかまったくわかりません。

しかし、その後数か月間、図書館へ通い続けることで、どんどん知識が身についていきました。また読む本も自己啓発書から専門的な本へと変化していきました。そしてピンときたところだけをノートに書き写していき、数年でノートは10冊にまでなりました。

知識がつくにつれ、「これをもっと先に知っていれば、広告の出し方を工夫できたんだけどな」「こういう営業トークもあるんだな」「あの時こう言えば契約とれたのに」と本を読めば読むほど、自分の愚かさがわかってきました。知らない幸せ、知る不幸です。

本来なら起業する前にしなければならない勉強で、私は無駄なお金、無意味な行動を繰り返してしまいました。ですから、あなたには私と同じ過ちをしてほしくありません。

ではどんな本を読んだらいいかと言うと、自分が読みたいな、面白そうだなと思った本を選びましょう。人から勧められたとしても自分の好みやレベルに合っていないと、最後まで読み通せなかったり、結局何が書いてあるかわからなかったということにもなります。

後日談ですが、起業してから10年後、この時のノートが見つかりました。私は何か忘れているアイデアや知識があるかもしれないと当時のノートをすべて読み返しました。

読み終えた後、このノートをすぐゴミ箱へ捨てました。ノートにはたいしたことが何も書いてなく、当時の自分はこんなことも知らなかったのかと情けなくなりました。

19 現在の顧客にそっと知らせておく

起業で理想的なのは、今勤めている会社の顧客に売れるような商品を扱うことです。具体的にお客様が見える事業で、起業をしなさいという話を前述しました。覚えていますか？もしそういった商品なりサービスを提供するのであれば、会社を辞める前に、「こういう仕事をしますので退社後もよろしくお願いします」と伝えておきましょう。

単純なことですが、これがあるとなしでは、大きな差がついてしまいます。

顧客に何も言わずに退社し、突然、「前職でお世話になった○○です」と言っても相手にしてもらえません。おそらく、退社前と後で、こんなに大きく取引先の対応が変わるのかと、驚かれることでしょう。

蛇足ですが、起業を決めた時から、取引先には特に親切に接してあげることが重要です。特に仕入先はあなたが価格を叩きすぎるので、恨んでいるかもしれません。これから顧客になるかもしれない会社、未来の取引先とは、やはり良好な関係を作っておきたいものです。

日頃の取引先との関係もこの際、ふり返ってみることをお勧めします。もし、顧客に先に退社の意向を伝えておけば、起業してスグに商品が売れるかもしれません。たとえ、スグに売れなくても、有力な顧客を得たことになるでしょう。

縁は一度でも切れてしまうとなかなか再度、結ぶことが難しいものです。せっかく前職で培った縁を切らないで継続していくことが重要です。

20 あなたの前職の肩書はまったく役に立たない

あなたは会社を辞めた途端、手のひらを返す人たちにたくさん出会うはずです。顧客はあなたに感謝していたのではなく、あなたの会社に感謝していたのです。

私にも経験があります。前職でいろいろ便宜を図ってあげた会社がありました。無理も聞いてあげましたし、担当者ともすごくいい関係でした。

ところが会社を辞めた途端、私の後輩がその会社の担当者から「井上さんには迷惑かけられたよ。あなたはちゃんとしてね」と言われたそうです。

また、当社に元日債銀（現あおぞら銀行）の取締役がいました。彼は日本の融資のトップとして数十億、数百億円の貸付をしてきた人だったので、大企業には顔がききます。

ある時、銀行から大手のタクシー会社を紹介され、元取締役と私はタクシー会社にお伺いし、システムの提案をしました。タクシー会社の副社長が熱心に話を聞いてくれましたが、その後はナシのつぶてです。

その後も銀行から紹介はしてもらえるものの、契約してくれるところは一社もありません。

巨大銀行の取締役でさえ、こういう状態です。あなたが前職で素晴らしい肩書、経歴を持っていたとしても、まったく役に立たないでしょう。起業というのはリセット、前職の地位も肩書もゼロなのです。

とはいえ、何もかもゼロなのかというとそうではありません。前職で培った「縁」だけは残ります。起業家にとって最大の武器は縁、人脈なのです。

会社を辞めてもあなたとつき合いたいという他社の人脈が、起業の成功・失敗のカギを握っているといっても、過言ではありません。

21 地銀と信金に個人口座を作っておく

あなたは会社を作ろうとして、メガバンクに行って口座を作ろうとします。しかし、窓口では残念ながらと、なぜか断られます。サラリーマンの時にはニコニコしながら口座を作ってくれた行員も起業した途端、冷たい対応です。

いろいろな会社と取引するときに、メガバンクに口座があったほうがカッコイイと思うのはわかりますが、起業の時にメガバンクはまったく役に立ちません。融資をしてくれるわけでもありませんし、会社に来てくれるわけでもありません。

恐縮ですが、彼らから見ると、あなたの会社はゴミのような存在なのです。

ですから、まず起業前に近所の地銀や信金などに個人口座を作っておきます。そして起業時に「会社の口座を作りたいんですが」と相談に行きます。できれば1年以上前から積立や公共料金の引き落としなどで、パイプを作っておいたほうがいいでしょう。

起業というのはすべてゼロからのスタートです。もちろん銀行からの信用もゼロです。

そこで、先に個人口座を作って置くことで、少しずつ信用を積み立てていくのです。そうすれば起業後、法人口座もスムーズに作ってもらえますし、融資の相談もできます。

ちなみに、信金で口座を作ろうとすると「積立をしてください」と言われますので、笑顔で「もちろん」とお答えください。積立といっても毎月1万円です。1万円で信用が作れるなら安いものです。

たとえ会社が軌道に乗り、そこそこの会社になったとしても、メガバンクにとってあなたの会社は、まだまだ小さな存在です。そこをわきまえておきましょう。

一方、地銀や信用金庫から見ると、起業した後でも、あなたは大切なお客様かもしれません。

起業時には見た目のかっこよさよりも、将来お金を貸してくれるところ、大切にしてくれるところを優先させましょう。

22 スタートダッシュを早くするために

先ほど起業前に本やセミナーで自分自身の知識を蓄えておくことが重要だとお話ししました。

それと同様に、会社経営をする上で不可欠な実務の知識も、学んでおくようにしておきましょう。

では、会社経営をする際、必要な知識とは何でしょうか？

まずは、簿記の知識や試算表を読む知識です。もしこういった知識がないと、銀行からの融資を受けられないこともあります。

たとえば、銀行の融資担当者からこんな質問をされることがあります。

「この減価償却費は何でしょうか、前払費用で計上されていますが、これは……」

税務申告や決算は税理士に任せるとしても、ある程度の経理の知識は経営者として必須と言えます。

また、会社をスタートする前にソフトの操作なども学んでおく必要があります。営業して売れたのはいいものの、請求書が手書きでは格好がつきませんし、起業してからソフトの使い方を学ぶのでは遅すぎます。

起業時に一番重要なのは、請求書のシステムです。次に経理や給与計算などのソフトになるでしょう。この3つは起業直後から必要になります。

手前味噌で恐縮ですが、フリーウェイシリーズならば経理や販売管理、給与計算、顧客管理など会社経営に必要なシステムがすべて無料で手にはいりますので、よろしければご利用ください。

あと、できれば先にホームページも作っておきたいところです。ホームページを作ることにより、足りない部分に気づいたり、事業プランを見直すことがあるかもしれません。また商品やサービスについての文章を作っているうちに、新しいアイデアが産まれることもあります。

今時、ホームページがない、サイトのアドレスが名刺に書かれていないというのはありえないことです。ホームページは作成に結構時間がかかりますから、早めに準備しておいてください。

もちろん、ホームページを自力で作る必要はありません。今は安くホームページを作ってくれる会社がいくらもありますので、インターネットで検索してみては、どうでしょうか？

言うまでもありませんが、ホームページをインターネットに掲載するのは、もちろん起業後です。フライングはご法度です。前職の会社から副業をしていたと訴えられる可能性もあります。

起業したら時間はいくらあっても足りません。素早いスタートダッシュを切るために、必要なモノや知っておくべきことはすべて準備しておきましょう。

23

もらえそうな補助金、助成金、融資を先に調べる

起業して数か月以内に手続きをしなければならない手続きや申請すべきものがいくつかあります。もちろん、税務署での青色申告の届け出は必須ですが、その他に補助金、助成金、創業融資などがあります。特に創業融資は起業する前に関係各所へ相談に行っておくべきです。

必要要件を満たしているからと、安心していてはいけません。起業後に申請したけれど、問題点を指摘され結局融資を受けられなかったという例はいくらもあります。たとえば、要件のひとつに、「以前、勤めていた会社と同じビジネスを行う場合に限り」という条件がついていることもあります。

また、助成金、補助金などは申請し受理されても、お金をすぐにもらえるわけではありません。あなたが使ったお金の何パーセントを後からお支払いしますといったものがほとんどです。

つまり、あなた自身がまずお金を出して、さまざまなものを購入し、その後支払い申請を行ってお金が戻ってくるというしくみです。

これも同様に、書類や領収書などをきちんと持って行っても、支払い時にこれは認められませんと言われることがあります。これはどうかなと思われるものに関しては、事前に確認しておくことが必要でしょう。

こういったことから補助金、助成金は最初から宛にするものではなく、「もらえれば儲けもの」といった感じにとらえておいたほうがいいと思います。補助金、助成金が必ず入ってくるのが前提といった事業計画を立てると後でしっぺ返しが来るかもしれません。

第3章

会社の設立、本に書かれていないこと

この章で考えておきたいこと

「会社を設立する際、どのような手続きを踏んで、どのくらいの費用がかかるのでしょうか?」

みなさん、疑問に思っていることでしょう。

ただ、こう言ったものに関しましては、その他の起業本に載っていますので、そちらを参考にしていただければと思います。

この章では、私が会社を立ち上げて、実際にこうすればよかったというもの、類書に書かれていない、社長ならではの設立する際のアドバイスを紹介していきます。

24 会社を経営するには当初いくら必要なのか

会社設立の方法や金額などは、起業の実務みたいな本に記載されているので、ここでは省きますが、単純に会社を経営するだけなら設立費用を除けば、たいしてお金はかかりません。税金も赤字ならほとんどかからないでしょう。

では会社経営において何に一番お金がかかるのでしょうか？

それは、あなたの生活費です。「えっ」と思われましたか？

あなたが生活するために1か月いくら必要か、生活費を超える利益をいつから稼げるか、これが会社経営にかかるお金と言えます。

■当初の経営資金

1か月の生活費×経営が軌道に乗る○か月後

つまり、あなたが生活に必要とするお金が月に20万円とすると、経営が半年後に軌道に乗るなら、20万円×6か月後と計算して、資金は120万円あればいいことになります。生活費が月に50万円、軌道に乗るのが1年後なら資金が600万円は必要です。

とはいえ、広告を出したり営業経費、通信費、交通費などを考えるとさらに何百万円か必要になる可能性もあります。これは最低いくらあればいいのかぐらいとして、参考にしてください。

創業してから10年後に残っている会社は1割と言われています。起業家の倒産理由は身体的なことを除けば、利益が自分の生活費を越えられないためです。

なぜ、早く売ることが大切だと何回も言うのは、会社を早く軌道に乗せないと会社のお金があなたの生活費で消えてしまうからです。起業とはお金がなくなる前までに事業を軌道に乗せられるかどうかというスピードの戦いなのです。

25 ハンコはチタンで作りましょう

起業時に絶対必要なのがハンコです。素材には黒水牛やツゲなどいろいろな材質のものがあります。

おすすめなのは、チタンでできたものです。チタン製のものは少し高いですが、今ではネットで安いものが多く出回っています。ハンコなんて何でもいいと思うかもしれませんが、私がこう主張するには、理由があります。

ハンコって結構、欠けやすいんです。

日本では、お金を借りる時も契約書でも税務署の提出物でも何でもかんでも、ハンコを押す習慣がありますから、ハンコの出番は多くなります。そうするとある時、カチッとハンコが欠けてしまうんです。

「ハンコなんて欠けても使えるよね」

いいえ、使えません。

なぜなら、印鑑証明書と違ってしまうからです。さすがに相手に事情をわかってもらえるとは思いますが、ハンコが欠けたら早急に新しいハンコを作る必要があります。

そして、今まで押したハンコをすべて押し直すのです。取引先との契約書などはよっぽどの大手との取引でなければ押し直しは不要ですが、金融機関との契約書はすべて変更になります。

これが結構、手間になります。私も机から落としてハンコが欠けちゃったことがあります。その後のハンコの押し直し作業は本当に大変でした。

起業家はとにかく面倒なことを避けるべきです。ハンコ屋のまわし者ではありませんが、法人の代表印、銀行印はチタンがベストと言えます。

26 資本金に注意

日本の税法や商法はコロコロ変わるので、常に今はどうなのかを調べてから会社を設立することが重要です。

20年以上前は、資本金は株式会社を作るなら1、000万円が必要でした。その後、資本金を2、000万円に引き上げるという論争もありました。

もちろん今は、株式会社でも資本金1円で会社は作れます。とはいえ、設立費用などもありますし、銀行に預けるお金も必要ですから、資本金1円というのは現実的ではありません。

これは考えなくてもわかりますよね。対外的にも資本金1円の会社と取引するのは敬遠されるでしょう。後で増資するのも面倒です。

資本金はいくらなら良いという基準はありませんが、資本金が1、000万円を超えると消費税の課税対象になりますので、資本金は多くても999万円までにしておいたほうがいいでしょう。もし起業時にもっとお金が必要な場合には、あなたが会社にお金を貸すといった形にしてもよいと思います。創業時の融資は資本金の金額にも左右されますので、よく考えて決めてください。

また、資本金は誰が出すのかといった点も注意が必要です。友達と会社を作る際、「じゃあ資本金は半分ずつ出そう」と考えるのは、非常に危険です。というのも、仲が悪くなった時に資本金で揉めるというのはよくある話だからです。

ここで、典型的な例を紹介しましょう。

ある会社は仲間3人で資本金を出しあい、会社を設立しました。その後、事業がうまく行かず2人は退社することになりました。その時資本金を返す返さないという話に発展していったのです。

「事業を途中で放り投げ、勝手にやめるくせにお金を返せとはどういうことだ」

「お前が事業をやりたいって言い出したんだろ。俺はそれに乗っただけだ。早く資本金を返せ」

揉めに揉めたあげく結局、会社は解散しました。

こうしたことがあるので、2人以上で会社を作る際、できれば資本金は全額をあなたが支払うという形がベストです。

ちなみに先ほどの場合、法律上、資本金を返す義務はありません。

ただ、本来ひとりで出すのがベストな資本金ではありますが、ひとつ注意したいことがあります。

資本金の出資者の比率によって、税法的にまずいことになるケースがあります。今は違いますが、前は90％以上の資本金を出したのが社長ひとりとか親族のみといった場合に、税金が高くなることがありました。

このへんは税務当局とのイタチごっこなので、何とも言えないところですが、資本金は常に最新の情報をつかんでから決めたほうがいいでしょう。

27 定款に記載すること

起業時には、あなたや知り合いの人からの出資によって会社を作ることになるので、問題ないかもしれません。しかし、会社を経営しているうちに、私も出資したいとか社員にも株を持ってもらうということが、出てくるかもしれません。

そして何年か経った時、株を買いとってほしいという株主が出てくる場合があります。あなた自身が買いとるならば問題ないのですが、会社が買いとるという場合には株主全員の同意など、かなり面倒な手続きが必要になってきます。また他の株主で「私も売りたいんだけど」と言う人が現れないとも限りません。

そこで会社設立の時の定款（原始定款といいます）にはこう記載します。次のページの記入例を参考にしましょう。

詳細は省きますが、こう書いてあれば株主総会の特別決議で、特定の株主から株を買い

（特定株主との合意による自己株式の取得）

１．当会社は株主総会の決議によって特定の株主との合意によりその有する株式の全部または一部を取得することが出来る。

２．前項の場合、当会社は会社法第 160 条第２項及び同条第３項の規定を適用しないものとする。

とることができます。特別決議の条件は、株主総会に株主の過半数が出席して、出席した株主の３分の２以上の賛成です。

つまり、あなたが、議決権のある株の３分の２以上を持っていることが前提になります。

この記載は株主が増えてからですと変更はほぼ不可能になりますので、記載しておくことをオススメしておきます。

ただ、これもあくまで本書を執筆している時点（平成28年8月現在）での法律ですから、設立時にはちゃんと調べてから記載してください。

28 レンタルオフィスに入るなら、登記に気をつける

本社の住所は東京のほうがカッコいいと、わざわざ東京にレンタルオフィスを借りて登記上の本店所在地にする社長がいます。

これはよく考えてから決定してください。長い間、そのレンタルオフィスにい続けるつもりならいいのですが、会社がうまくいったら引っ越ししようと考えているのであればレンタルオフィスを本店所在地にするのはやめておいたほうが賢明です。

まず登記の住所を後に変更するのはかなり面倒な作業です。関係各省庁への手続きはもちろん、銀行への連絡も必要です。所轄が違う場合にはあっちへ行ったりこっちへ来たりということになります。

また、レンタルオフィスが本店所在地の場合、銀行が口座を作ってくれない場合もあります。銀行もレンタルオフィスの住所は知っています。いつ移転するかわからない会社に口座は作ってくれません。

蛇足ですが銀行口座を作ろうとすると、銀行の担当者は「なぜ当行の当支店なのですか」としつこく聞いてきます。合理的な理由がないと拒否されることもありますので、口座を作りに行く前に回答を考えてから、銀行へ行ってください。

話を元に戻します。

では、本店の住所はどうしたらいいかというと、名刺やカタログ、ホームページには本社を東京のレンタルオフィスにしておき、登記上の本店所在地は実家や自宅にしておくのです。

取引する際にいちいち登記簿を見せろという会社はほとんどありませんし、違っていても特に問題が起こることもありません。実際、私自身は埼玉県が実家で登記も埼玉県でしたが、ずっと東京の貸ビルを本社として名乗っていました。

ただ、自宅や実家が東京からかなり離れている場合には、本店所在地をレンタルオフィスにしてもいいでしょう。関係各省庁や税務署からの連絡等は本店所在地に届きますので、もし遠方の実家を本店にした場合、郵送物をいちいちとりに行くか、送ってもらわなければなりません。もちろん、納税も税務調査も本店所在地になりますから、税理士も地元の人に依頼しなければなりません。

29

ネットで依頼すること、しないこと

『会社設立』というキーワードでネット検索すると、たくさんのサイトが出てきますよね。ただ設立費用だけを見て契約してしまうと、税理士の顧問契約が必須になっていたり、アドバイスなしで単純に登記しかしませんよという場合もあります。

会社設立は何回も行うことではないので、少しくらい高くてもちゃんとした人に対面で依頼することをオススメします。

逆にホームページはネットで依頼するといいでしょう。格安で作成してくれる会社がたくさんあります。作成後もメンテナンスしてくれる会社かどうかを見るといいでしょう。

また、自分でホームページを作りたいという人もいると思いますが、止めておいたほうが賢明です。今はホームページを作るための便利なツールや安いパソコンソフトもありますが、やはり専門家が手で作ったもののほうがずっと綺麗に作れます。

私もホームページを作ることはできますが、あくまで作れるだけで、綺麗なものを作れるわけではありません。専門家に任せます。

というのも、ホームページは技術力よりデザインセンスが重要だからです。起業家はまず信用ですから、必ず専門家に依頼して綺麗なものを作ってください。

それから、ＳＥＯ対策も考えないとなりません。ＳＥＯとは、検索した時に上位表示されるための施策で、このＳＥＯ対策も業者に任せたほうがいいでしょう。Google はしょっちゅう設定を変えますので、きちんとＳＥＯ対策を行ったのにある日突然、順位が下がるということもあります。

ただＳＥＯの会社はいい会社が少ないのが現状です。契約してはいけないのは毎月継続的にお金がかかるＳＥＯ会社です。ＳＥＯ会社の施策にもよりますが一生契約し続けなければならない場合もあります。

なぜなら、ＳＥＯ会社は契約が切れると外部リンクを外してしまうからです。そうすると、先日まで1ページ目に表示されていた自分の会社のサイトが解約と同時に、突然下位になってしまうこともあります。これを防ぐには、その会社と契約し続けるしかありません。

とはいえ、あまり検索順位にはこだわらないほうがいいと思います。上位に掲載されたからといって、必ず売上が上がるわけではありません。検索順位を上げるために毎日、何時間もＳＥＯ対策を自分でやっている起業家がいますが、本末転倒です。

そんなことよりもっとやることがあります。それは外に出てあなたが営業をすることなのです。ネットだけでビジネスをしているなら別ですが、検索順位が上がれば売上が上がるというわけではありません。

第4章

会社を作って はじめに やること

この章で考えておきたいこと

起業後はとにかく早くお金を儲けることが重要です。

ただ、その前にやらなければならないことがいくつかあります。はじめから何をやるべきかわかっていれば素早いスタートが切れるでしょう。

そのためには、チェック表を作って準備ができたものから順に消していくのがいいと思います。

スタート時に青色申告の届け出などの手続きをきちんとやらない起業家は結構多いのですが、そういう人のほとんどが数年後にいなくなっている気がします。起業時の手続きを怠ったために余分に税金を支払うはめになったり、本来もらえるはずのお金がもらえなかったりする場合もあります。

30 サラリーマン感覚からの脱出

勤めていた会社を辞めて起業するすべての人がとらわれてしまうのが、サラリーマン時代の感覚です。私自身もそうでしたが、サラリーマン気質からの脱出がなかなか難しいのです。

社長になった高揚感や今までの仕事とオサラバできた喜び（？）で、何かのんびりしてしまいます。多くの起業家を見てきましたが、サラリーマン感覚から脱出する日数は早い人で数か月、遅い人だと数年かかります。

気持ちもわからないでもありません。起業時したての頃は銀行にも結構お金があるため、のんびりしてしまうこともあるでしょう。そしてその後やってくる、資金繰り地獄が待っているとも知らずに。

私も起業当初は自分のビジネスそっちのけで、前職の後輩たちに営業のアドバイスをしたり、ＴＶ番組で作っていた料理を自分で作ったりしていました。自分自身では抜け出せているようで抜け出せていないのが、サラリーマン感覚です。

それを脱出するためにも、起業したら自分が今、焦っているかどうか自問自答してみてください。経営者とサラリーマンの大きな違いは、どんなに経営がうまくいっていても不安や焦りが常にあるのが経営者なのです。

もし会社設立後、自分が焦っていないと感じるならばまだまだです。とにかく1日でも早くサラリーマン感覚から脱出し、気持ちを切り替えることが必要です。

31 資金繰り問題の先手を打つ

信金や地銀に個人口座を作ったり、創業資金の相談に行った方は、来るべき資金繰り問題に先手を打ちましょう。

借りられるお金は、まず借りてしまうのです。

大赤字で資金繰りに窮した会社には誰もお金を貸してはくれません。あなたもお金を返してくれるかどうかわからない友達にお金は貸しませんよね？

それに、今は金利が相当安いですから借りておいたほうがお得です。融資の相談に行くと信用保証協会を通す形になりますので、保証料を支払わなければなりませんが、それでもトータルの支払額は相当安いはずです。

ただ普通の融資は1回目の決算が終わるまで、つまり設立後1年間はお金を貸してくれない場合もあります。起業時にはまずネットで地域の創業融資を検索してみてください。

ちなみに、いくらぐらい貸してもらえるのか、気になりませんか？

それは事業内容にもよりますが、目安として、自己資金の2倍程度です。つまり150万円の自己資本があれば、300万円程度の融資を受けることができます。

ただここで重要なことをひとつ。もし自分がサラリーマン感覚からまだ抜け出していないのならば、お金を借りないことです。単純に借りた分のお金が生活費としてなくなるだけで、事業が大きくなることはありません。そしてその後、返済地獄がやって来ます。

これは、資金が尽きそうになった時の話です。

私がまだサラリーマン感覚から抜け出ていない時に、銀行から300万円のお金を借りました。半年すぎたあたりでまた資金が尽きそうになり、そこでまた銀行から300万円を借り、3か月後にまた資金が尽きそうになりました。今度は300万円の融資依頼をしましたが、200万円しか借りられず、そしてこの200万円はたった1か月でなくなりました。資金がなくなるスピードは加速していくのです。なぜかというと、最初に借りたお金の返済があるからです。

結局、月々の支払いがどんどん大きくなっていき、大した利益もないのに私は毎月15万円も支払うことになりました。毎月返済に追われる毎日です。創業時は本当に銀行にお金を返すためだけに働いた5年間でした。

32 青色申告の承認申請書は必ず出す

だいたいダメな社長というのは必要な手続きをしていません。こういう手続きを軽んじる社長の会社はスグに倒産します。

これは断言できます。

面倒でもやるべきことはやらなければなりません。サラリーマン時代は会社への提出書類が少しぐらい遅くなっても、督促してくれましたが、行政はそうではありません。「それは期限切れです、残念でしたね……」で終わりです。

まず何はなくとも、青色申告の承認申請書は出さなければなりません。設立したら一番最初にやることと言ってもいいでしょう。

青色申告の承認申請書を出すと、赤字を翌年に繰り越してもらえます。会社を設立してすぐ一期目から会社を黒字にするのはなかなか難しいものです。赤字を翌年に繰り越せるのですから儲けものです。申請しておけば、一期目に1、000万円の赤字があり、二期目に1、000万円の黒字になっても、税金を払わなくて済みます。

しかし、申請していないと、二期目の黒字1、000万円に丸々税金がかかってしまいます。税理士に頼んでいる人は手続きを依頼してもよいでしょう。

もちろん自分でも簡単にできます。書くところもほとんどありませんし、提出すれば終わりですから、起業したらすぐに申請してしまいましょう。

33 決算や税務申告は税理士に頼む

お金がもったいないからと、自分で本を読みながら税務申告をする人もいます。

しかし、これは止めておいたほうがよいでしょう。さまざまな税金をひとつひとつ理解するのは面倒ですし、毎年少しずつ変わる税法を学ぶというのは時間の無駄だからです。不変な知識ならともかく、税法は毎年ころころ変わります。そんなものを勉強する時間があるのならば、本業で儲けたほうがずっと賢明だと思います。

ところで、税理士はどんな仕事をするのか、わかりますか？

税理士は、税金の計算だけをするわけではなく、帳簿のつけ方や資金繰りの相談にものってくれます。利益が出たら、節税のアドバイスもしてくれます。税務署の税務調査の時には一緒に立ち会ってもくれます。面倒なことは、税の専門家に頼んだほうが結果的に安くなるはずです。

「税理士なんて誰でもいい。ネットで安い人を見つけよう」

たまに、こう思っている起業家がいます。気持ちはわかりますが、これは大きな間違いです。

あなたがもしコンサルタントなら、顧問料が月に1万円の人と3万円の人に同じサービスを行いませんよね。3万円の人にはいろいろな情報を提供したり、面倒なことをやってあげるのではありませんか？

税理士も同じで、安かろう悪かろうということです。時給900円の高校生のバイトを雇ったって、一日7200円かかります。月の顧問料が1万円のサービスというのは、つまりこの程度だということです。決算と申告はやってくれますが、それ以上のことはしてくれません。

特にすごく値段の安い顧問料の税理士事務所は要注意です。ネットの価格を信じて顧問契約しても、何か依頼するとこれは別料金です。これはオプションですと価格がどんどん上がってしまうこともあります。

最初の一年目だけ顧問料を安くして、二年目になる時に突然、「来期は顧問料を3倍にします。嫌ならやめてもらって結構です」という税理士事務所もあります。ネットに載っている価格だけを信用するのはやめておいたほうが賢明です。

また、税理士事務所への顧問料の他にもお金がかかります。それは経理ソフト代です。顧問契約時に、経理ソフトの料金を税理士が負担してくれる事務所かどうかが、ポイントとなります。

というのも、経理ソフトはバージョンアップだけで毎年4、5万円はかかりますから、月の顧問料は安くても、顧問料を年間トータルで考えると結構高くなってしまうからです。

さて、ここから先は秘密の話です（笑）。最初から顧問料が月３万円は厳しいという起業家は多いと思います。

そこでいい方法をそっとお教えします。まずこう言いましょう。

「起業したてでお金がないので、今年は年一決算《ねんいちけっさん》（※）でお願いします。ただ売上が上がってきたら月の顧問料を1万円、２万円、３万円と増額していきたいと思っています。まだわからないことばかりなのでよろしくお願いいたします！」

こう言えば、「んー、そうか。将来に期待して、この金額できちんとやってあげよう」となるでしょう。

最後に活用のしかたですが、残念ながら税理士は積極的に「こういうのはどうですか」と提案してくる人たちではありません。聞かれたから答えるという人が多いのが、現実です。

ネットで調べたことや人から聞いたこと、気になったことは税理士にどんどん聞いてみましょう。ちなみにネットの情報は古かったり、間違っていたりと、あまり信用できないものが多い気がします。

腕のいい棟梁を知っているのは、棟梁から仕事を受けている職人です。税理士も同様です。

当社は毎日、多くの税理士と会っていますから、この人はいい先生だ、あの人に頼んだら大変だといったことをよく知っています。フリーウェイジャパンのサイトにも税理士事務所リストが掲載されていますので、そこで探してみてもいいですし、当社でも税理士を紹介していますので、気軽にメールしてください。あなたの要望に合った税理士をご案内します。

税理士選びは、あなたと性格が合う合わないというのも、結構重要なことなのです。

※年一決算：決算料だけで1年間顧問をやってくれる契約。

34 背伸びをしない

起業すると気持ちが高揚し、社長としてふさわしい物を持たなければならないと思うのでしょうか？

高価なスーツや時計を買ったり、家賃の高額な綺麗なビルを本社にしようとする人がいます。ネットバブルの頃は、オシャレな場所に会社を構え、木製の高価な机や書類棚を買う起業家がたくさんいました。

しかし当時、こういう背伸びをした経営者はみんないなくなりました。

成功している社長は起業時、質素だった人が多い気がします。会社は自宅を兼ねたマンション。学生時代に使っていた机と椅子。打ち合わせは価格が高いスターバックスではなく、価格が安いドトール。客先へは自転車で行く。うまくいっている社長は不要なお金は使わないのです。

売上に直結するカタログやチラシ、広告にはお金をかけるべきですが、売上にほとんど貢献しない会社案内なんて作っても無駄なお金がかかるだけです。当社も昔は綺麗な会社案内を毎年作っていましたが、最近は馬鹿らしいのでなくしてしまいました。

起業家はお金が入ってくるものにだけお金をかけるべきです。社長という肩書や身なりだけでは世の中は評価してくれないのです。まず社長という肩書にふさわしい「売上」を作ることが重要です。

長く会社経営をしている社長には、あなたが背伸びしているのが、見えてしまうのです。ずるい話ですがむしろ、教えてください。勉強になりましたと腰を低くしてかわいがってもらえるようにしたほうが、起業家としてはずっとお得だと思います。

35 3種類の名刺を作る

実際に営業を開始してみるとわかりますが、社長という肩書は、商売をするには重すぎると感じるでしょう。

実際に飛び込みの営業をする時、チラシを配っている時、お客様に名刺を渡すシーンをイメージしてみてください。もし名刺に代表取締役と書かれていたら、どうでしょうか？社長自身が営業しているなら安心だと、お客様は思うでしょうか？

違いますよね。むしろ「社長がこんなことまでしているのか。この会社は大丈夫かな」と思うのではないでしょうか？

最初、「社長なんです。偉いんです」みたいに名刺を配っていた私も、なんだか相手の反応が微妙なことに気づきました。

そこで、３種類の名刺を作りました。それぞれ社長、課長、主任の肩書きです。飛び込み営業やチラシ配りの時には「私は主任です」と言い、営業的な話やお客様との契約の時は課長の名刺で登場です。こうして名刺を使い分けていました。

えっ、社長の名刺はどう使うかですか？

実は、社長の名刺って、あまり使い道がないんですよ。提携の話とか銀行からの融資とかくらいでしょうか。社長の名刺だけは何年も再注文しなかった記憶があります。コンサルタントなら社長の名刺だけでもいいですが、普通の仕事には社長の名刺は用途がないのです。

名刺は業種に合わせて、料理長、厨房責任者でもよいですし、事業部長、お客様係でもよいです。ＴＰＯにあわせて用意しておくと便利だと思います。

36 東京であることの恩恵

私は埼玉県で起業しました。当初はワンルームマンションの自宅兼事務所でしたが、ある程度儲かってきたので、商業ビルに入居しようと思いました。

そこで、近所の不動産屋へ行きましたが、思ったよりも家賃が高く、保証金も高額です。起業当時、バブルは崩壊していましたが、埼玉県はまだその名残があり、たいして家賃は下がっていませんでした。

ある日、東京へ行った時に都内の不動産屋へ行くと埼玉県とほとんど変わらない家賃です。「通勤は面倒だけど同じ家賃なら、東京のほうが得かなぁ」となんとなく東京へ移転しました。これは大正解でした。

やはり情報は東京に集中するのです。埼玉県だと誰も訪れてくれませんが、東京だと有力な人、マスコミ、ベンチャーキャピタルなどさまざまな人がやってきます。埼玉県は東京から近いとはいえ、当社のためだけにわざわざ訪ねて来る人はいません。何かのついでに来てもらえたり、ちょっとそこまで打ち合わせに行ってくると気軽に来てもらえるのは、東京ならではの利点です。

もちろん地域密着で地元の人にだけ売るビジネスをトコトンやるという人は、わざわざ東京に出てくる必要はありませんが、もし全国に商品を売りたいというのであればぜひ、東京に来ることをお勧めします。

優秀な人、素晴らしい会社が多いため、気づきやアイデアのヒントをたくさんもらうことができます。東京はビジネスのスピード感が地方都市とはまるで違うのです。

37 必ず契約書を作る

「やった。うちの技術がついに認められたんだ。これで株式公開も夢じゃないぞ」

会社が小さな頃、大手企業からアライアンスを組みたい、提携したいという話が来ると飛び上がって喜びました。

ある時、大手上場企業から当社の技術について問い合わせが来ました。お会いするとぜひ、提携したいとのこと。私は大喜びして、先方の担当者が来ると惜しげもなく重要な資料、ノウハウを大手企業に提供し、当社の素晴らしさをさらにアピールしました。

数回打ち合わせした後、プッツリと連絡が来なくなりました。先方に電話しても担当はいつも不在です。そしてしばらくすると、大手企業から当社と同じものが新製品として発表されました。

先方の担当者に電話すると「そのような者は当社には在籍しておりません」と言われました。もちろんお金は一銭ももらえません。こんなことが何回かありました。

ある保険会社からは、どうしてこういうシステムを作れたのか、ノウハウを教えてほしいと連絡がありました。訪問すると素晴らしい会議室に通されました。いかにもできそうな社員が十数人も着席されています。私は汗だくになりながら一所懸命に説明しました。社員の方々も熱心に私の話を聞いてくれました。

打ち合わせが終わり、私は担当の方に「つきましては、お見積りをご用意したいのですが」と言うと、「知り合いに君のシステム宣伝しておくから。今日はありがとね」と担当者は私に告げ、立ち去りました。

彼らは私の話が聞きたかった。だから当社までノウハウを教えに来いということだったんです。大手企業の社員はこういうことを別に悪いとは思っていません。大手企業はあなたから重要な情報やノウハウをかっぱらっても全然気にしませんし、そんなことは当たり前だと思っているフシさえあります。

大手企業と事業を行うなら、何よりまず契約書が必要です。覚書でもいいです。まず先手を打たなければなりません。何らかの釘を差しておかないと大手企業にすべて奪い去られ捨てられて終わりです。起業したての時は大手企業が来ると舞い上がってしまい、ヘコヘコしてしまいがちですが、毅然とした態度で接してください。

38 売上を一定の会社に委ねない

ある社長はボールペンを組み立てる下請けの会社を経営していました。大手企業３社から発注を受けていたので、会社は安定していましたし、毎月きちんとお金も振り込まれていました。

しかしある日、その１社が倒産しました。社長はぎりぎりだけど、黒字は維持できるとその仕事を続けました。しばらくしてもう１社が倒産しました。結局、数か月後、その社長の会社も倒産しました。

また、ある会社は車の部品を下請けで作っていました。ある時、メーカーの担当者に呼び出され、次のように言われたそうです。

「実は、海外の会社から売り込みがあって、今の価格の１／３で請け負ってくれるそうだ。その価格を下回ってくれなければ、お宅との契約はあと３か月で終わりにしたい」

このメーカーのために機械も新規導入している上、社員もスグに解雇する訳にはいきません。社長は泣く泣く赤字で部品を作り続けました。

売上を一定の会社に委ねると、こういうことが起こります。資金が潤沢ならば、こういったことが起こってからでも対処の方法はありますが、起業したての場合はスグに倒産してしまいます。

一見、毎月定期的に収入のある大手からの下請け仕事はおいしい仕事に見えますが反面、非常に危険な仕事でもあるのです。

お客様はなるべく分散して獲得していくことが重要です。

39 在庫はミニマム

起業してすぐに商品がたくさん売れるということはまずありません。お客様を待たせたくない、安く仕入れたいという気持ちはわかりますが、起業家は「売れたら仕入れる」ということを頭に入れておいてください。

起業してからしばらく経った頃、私は仕入れ先から「たくさん買ってくれれば、安くしますよ」と言われ、大量にフロッピーディスクを仕入れたことがあります。売れる商品だったのでその言葉にのったのですが、なかなか在庫が減りません。私のデスクの隣には２メートルの在庫の山がずっと積み上がったままでした。

買った当初は安かった価格も時間がたつにつれ、あまり安くなくなってきました。結局、この在庫の山がなくなるまでに3年も経ってしまいました。

ところで、会社のキャッシュフローを悪化させる理由はふたつあります。これについて、すぐに答えられますか？

正解は、在庫と売掛金です。

売掛金はともかく、在庫は自分でコントロールできるはずです。まずは在庫の問題からクリアーしていきましょう。

在庫は置く場所も必要です。せっかく、オフィスビルを借りても、その一部が在庫で埋まっているのでは、在庫のために家賃を払っているようなものです。実に、もったいないですよね。

お客様を待たせたくない、機会損失したくない、安く仕入れたい、送料を減らしたいという気持ちはわかりますが、少しずつ購入することをオススメいたします。

40 売掛金はとにかく早く回収する

会社のキャッシュフローを悪化させる理由のもうひとつが売掛金です。

できれば経営が軌道に乗る前は、お客様には現金販売か前金でお願いしましょう。もしそれが難しい場合でも、納品時にはお金をもらえるように交渉したいものです。

会社はいくら赤字でも倒産しませんが、お金がなくなったら、スグに倒産してしまいます。これは、中小企業も大企業も同じです。そのため、お金を残すことを念頭に入れる必要があります。

もし、「当社は末締めの翌月末でないとお支払いできません」という会社なら取り引きを止めることも検討しましょう。額が小さいならまだいいのですが、額が大きい場合には急速にキャッシュフローが悪化します。

たとえば、仕入れは月初の１日に現金で払い、入金が翌月の末日ならば２か月間もお金がない状態が続きます。銀行から借り入れをしているならばなおさらです。先方の金利をあなたが負担することになってしまいます。

また、お客様が倒産したり、商品にクレームを入れてきた場合には入金されない可能性もあります。初めてのお客様なら、お金を払わずにとんずらする可能性もあります。いずれにせよ、お客様に事情を話して先払いしてもらうか、支払いを早くしてもらえるように交渉すべきです。

同時にあなたの支払い、つまり買掛金の支払いはなるべく遅くしてもらうように交渉します。

オススメなのは、20日締めの翌月末払いです。

例えば月の21日に仕入れをした場合、支払いは翌々月の末日になりますから最長70日間、支払いの猶予ができます。先方が承諾してくれるかどうかはわかりませんが、交渉してみる価値は十分にあります。

41 利益が出ているのにお金が足りない現象を知る

決算になり税理士から「おめでとうございます。黒字です。つきましては税金をお支払い下さい」と言われます。

「そうか、頑張ったかいがあったな。オレはすごい経営者なのかもしれない」

多くの人がまんざらでもない気分になります。

そして預金通帳を見ると……、「あれっ、お金がない！」とビックリするのです。

「儲かっているのに、お金がないなんて、そんな馬鹿な。何かに使ったかなぁ。いや使ってないぞ。じゃあ、なんでお金がないんだ。不思議だ」

実は、よくこんなことが起こり得ます。理由は簡単です（図１）。

図１

パターン１

売掛金	５０万円
在庫	５０万円
利益	１００万円
現金	０万円

先ほどお話しした、キャッシュフローを悪くする2人組、在庫と売掛金が出てきましたね。

図1を見ると、現金はゼロなのに、利益が100万円も出ています。利益が出ていますから、もちろん税金を支払わなければなりません。

儲かってはいるのです。黒字なんです。でも現金がないのです。

図2

パターン2	
利益	100万円
銀行への返済	100万円
現金	0万円

次に銀行からお金を借りている場合です（図2）。

儲かったお金が銀行への支払いで消えているパターンです。銀行からお金を借りた現金は全部使い切ったけど、黒字になった。でも支払いだけは残っている場合です。銀行に毎月返済できているというのは、やはり儲かってはいるのです。黒字なんです。でも現金がないのです。

利益が出ているのにお金がないというのは、この2つのパターンがほとんどです。

たまに黒字倒産という言葉を聞きますよね。会社は黒字でも赤字でもお金がなくなったら、会社は倒産してしまうんです。
儲かっていても、黒字であっても、常に資金繰りはチェックしておくべきなのです。

42

最初からベストを目指さない

いい加減な性格の人は成功しません。これはわかると思います。

では、きちんとした性格なら成功するかというと、これは限度の問題です。きちんとしすぎる性格、つまり完璧主義者の人は、いい加減な人と同様に、成功することは難しいでしょう。

「営業マンも雇った。コールセンターへの教育も完璧、ホームページはコンテンツが満載、カタログもデザイナーに素晴らしいものを作ってもらった、広告の準備も整った！」

これは理想ではありますが、会社経営で何もかもがベストな状態というのは、ほとんどありません。

「いつも何かしら足らない、ウイークポイントもある、早くしないと資金繰りが苦しくなる……」

これが会社経営の現実です。もし完璧になるまで待っていたらチャンスはどんどん逃げていきます。

会社経営は見切り発車。「この程度でいいかな」というバランス感覚が必要です。

こういうと、「そうか、完璧でなくてもいいんだ。商品もちょっと欠陥があるけど早くスタートしよう」という人が現れそうです。それもちょっと違います。完璧でなくてもいいというのは、スピードのために質を落とすということではありません。

言いたいことは段階を踏むということです。起業家には時間軸の考え方が必要です。「いついつまでにここまでやる。第一段階はここまで。第二段階はここまで」と決めておくのです。そしてその中でベストをつくします。

最終段階をイメージしておくことは重要ですが、最終段階まできちんとしくみを最初から作っておく必要はありません。

なぜかというと、ビジネスはどんどん変化していくからです。お客様からのニーズで商品の方向性が変わるかもしれませんし、あなた自身の考え方が変わるかもしれません。うまく行かなかった場合、途中で販売をとりやめにするかもしれません。段階を進めていくうちに、次にどうするか判断する、少しずつ変化させていくほうがいい結果を生むことが多いでしょう。

43

国より民間

国は企業を育成するためといって補助金や助成金をばらまいています。

しかし、実は大きな金額の補助金、助成金を手にするのは大企業ばかりなのです。大企業には多額の補助金、助成金をもらうために分厚い申請書を書く時間があり、優れた人もたくさんいます。中小企業に落ちてくる補助金、助成金は大企業が見向きもしない少額のものがほとんどなのです。

ちなみに国が考えている中小企業の姿とは、社員数が数百人から1，000人の小さな企業なのです。

はっきり言って、それ以下の企業は国にとっては、不要なゴミ企業なのです。

会社を経営したこともない、ましては中小企業に勤めたこともない公務員が考え出した企業育成なんてお題目ばかりで、起業家にとって何のメリットもありません。

今では国より民間による起業支援のほうがずっと実情にあっています。金融機関でも最近は起業家を支援するしくみを作ったり、相談にのってくれるところも増えてきました。起業家支援ということでは、株式会社リクルートキャリアのアントレが昔から有名ですが、最近では開業した人を対象とした事業継続・成長を支援する『Managers』というサービスを開始したそうです。起業家向けに勉強会や経理業務の効率化指導や経営に役立つ情報の配信等を行い、大変意欲的です。

的の外れた国の支援より、日々実践している民間の支援を積極的に利用して会社を大きく育てていくのが鉄則です。

44

事業計画書を作りたい人へ

起業の本には事業計画が必要と書かれていますし、コンサルタントも事業計画の重要性を強調しています。私自身も起業してから何回、何十回も事業計画書を作りました。

しかし、事業計画どおりにうまくいったことは一度もありませんでした。起業当時に作った事業計画書では10年後、当社の売上は１００億円になっているはずでした。現状はどうかというと、創業して25年経った今でも１００億円には遠く及びません。

事業計画書なんてそんなものです。今は世の中の流れが早いため、5年後はおろか3年先さえわかりません。単なる絵に描いた餅で終わることがほとんどでしょう。早い話、作らなくてもまったく問題ありません。

それでももし、事業計画書を作るのであれば単年度、つまり1年間の事業計画を作るといいでしょう。半年間の事業計画でもかまいません。半年、1年くらいならばあなたも会社の未来がある程度見通せると思いますから、具体的なものになると思います。

また、事業計画はとにかく簡単に作ることです。銀行に提出するものでないならば、細かいものを作っても意味がありません。売上と経費と現金だけのもので、いいのです。

次にアクションプランを事業計画書に書き込んでいきます（下図参照）。そうするとおおまかな計画ができると思います。

例：６か月の事業計画

月	4	5	6	7	8	9
前月現金残	300,000	230,000	360,000	590,000	620,000	150,000
売上	600,000	900,000	1,100,000	1,000,000	900,000	1,000,000
経費	300,000	400,000	500,000	600,000	1,000,000	300,000
家賃	70,000	70,000	70,000	70,000	70,000	70,000
自分の給与	200,000	200,000	200,000	200,000	200,000	200,000
会社の利益	30,000	230,000	330,000	130,000	-370,000	430,000
銀行返済	100,000	100,000	100,000	100,000	100,000	100,000
当月現金残	230,000	360,000	590,000	620,000	150,000	480,000
アクション		チラシを作る	バイト雇う	雑誌広告	博覧会出展	

45

ビジネスは陣取りゲーム

たとえあなたがまったく新しいビジネスをしようと思っても、古くから普通にあるビジネスをしようとしたとしても、すべてのビジネスは「他社の仕事、顧客を奪い合う陣取りゲーム」と言えます。

ただ、陣取りゲームと言っても、昔と違い今は、ラーメン屋対ラーメン屋といった簡単なものではありません。

たとえばランチタイムの陣取りゲームはそば屋、牛丼屋、ファミリーレストランなどに加え、弁当屋、宅配ピザなどもライバルになります。

つまり目的によりライバルが変化するのです。隣のラーメン屋に勝ったとしても、お向かいのイタリアンには負けるという異種格闘技的な陣取りゲームです。

また、最近ではＴＶ対インターネット、タブレットＰＣ対カーナビ、スマートホン対ゲーム機など、今までライバルではなかった業種や商品が入り乱れて戦うことも多くなってきました。

この戦いは時間の奪い合いという陣取りゲームです。

別荘対高級外車、高級腕時計対ブランドスーツ、アパート経営対投資信託といったお金の奪い合いという陣取りゲームもあります。

つまり、あなたが行うビジネスのライバルには同業のライバルと異業種からのライバルがいるのです。ふたつの側面から対策を考えておいたほうがいいでしょう。

逆に、あなたのビジネスを異業種に持って行くということも考えられます。ビジネスを決めたらさまざまな角度からライバルを考えてみることで、素晴らしいアイデアが生まれてくるのではないでしょうか。

第5章

起業後の会社経営とは？

この章で考えておきたいこと

ついにあなたは社長になりました。ついに販売開始です！ところが、思ったように売れません。ここからが会社経営の本当のスタートです。社長になっていきなり成功した人は私が知る限り、ひとりもいません。

皆さん、お金に苦しみ、人に悩み、そして成功していくのだと思います。

さて会社経営と一口に言っても、すでに会社が順調に行っている人の会社経営と起業時の会社経営のしかたはかなり異なります。

この章では起業時の会社経営についてお話しします。

46 起業家がやることはひとつだけ

「会社を立ち上げたら、まず経営理念が大切だな。その後は事業計画を作って……」

起業前ならともかく、会社をスタートさせてしまったら、今さらこんなことを考えていてもしかたがありません。やることはいたってシンプル。

・売りに行くこと
・紹介をもらいにお伺いすること
・夜中まで仕事をすること

つまり、営業することに尽きます。

もし、あなたに子供がいるのなら、わかると思いますが、小さな子供はしょっちゅう風邪をひいたり、熱を出したりしていろいろと大変ですよね。

会社経営も同じです。起業したてというのは病気になりやすい子供と同じです。お金もない、人もいない、売り先もないという「幼児期」から少しでも早く脱しなければなりません。起業時は会社が病気になったらイチコロです。会社を存続させるためには一日も早く大人に成ることです。事業計画や経営理念なんてものは、お金が入ってくるようになったら、幼児期を脱してからでいいのです。

起業家が最初にすることはたったひとつだけです。売ることです。

脇目もふらず朝から晩まで商品を売りまくることです。サービスを提供することです。「明日お伺いします」ではなく、今から行きますといったスピードが必要なのです。

47 メーカーなら起業家が大企業に勝つこともできる

あなたの会社の資本金が１００万円、大企業が1億円だったとします。規模の差は１００倍もあります（図１）。

では提供する商品やサービスの価格は１００倍でしょうか。違いますよね。ほとんど同じはずです（図２）。つまり商品、サービスという戦いなら起業家が大企業に勝つこともできるはずです。

有名なメーカーの冷蔵庫と聞いたことのないメーカーの冷蔵庫が電器店に並んでいたとしましょう。価格も機能も性能も一緒です。

さてあなたはどちらを買いますか？

やはり有名メーカーですよね。商品は同じでも会社のブラン

図1

■ 会社の規模

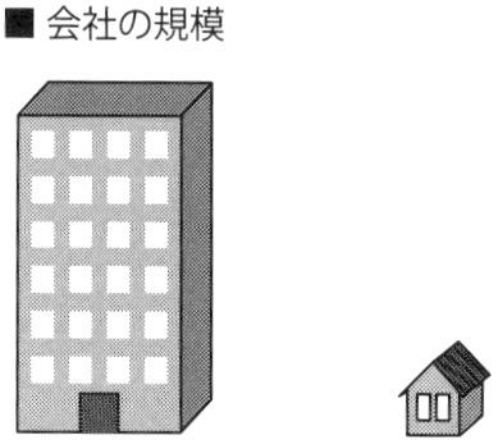

資本金 1 億円　資本金 100 万円

図2

■ 商品の価格

資本金 1 億円の会社の商品　資本金 100 万円の会社の商品

ド、デザイン、カタログどれをとっても聞いたことのないメーカーが勝てる余地はありません。

「なーんだ、やっぱり起業家は勝てないじゃないか」

その通りです。あなたが「同じもの」を老舗企業と「同じ価格」で売ったら、まず誰も買わないでしょう。

既存のものと戦うためには商品やサービス、価格を変化させなければなりません。

変化の方法は２つ。高品質高価格か同品質低価格です。

高品質高価格戦略の場合、価格が高くなるため、売りにくくはなりますが、利益は高いため、多く売る必要がありません。

同品質低価格戦略なら売りやすい反面、たくさん売る必要があります。

いずれにせよ、何らかの変化をつけなければ、勝つことはできないということです。どちらの戦略をとるかはあなたが売ろうとしている商品やサービスにより変わりますし、あなた自身の考え方にもよります。

とはいえ、起業家はなるべく同品質低価格戦略をとらず、高品質高価格戦略をとるべきです。大手企業と同じものを安い価格で販売するという戦略をとるなら、相手よりかなり安くなければ、勝つことは難しいでしょう。むろん、安くなればなるほど、収益率が下がります。果たしてそれであなたの会社が存続するかどうかは、先にきちんと計算しておかなければなりません。

「いくらいいものを作ったって、売れるとは限らない。低価格にして広告宣伝が重要なんだ」

これはよく聞く話ですし、本当のことです。

しかし、それは品質が低くてもいいということではありません。

たとえば飲食店の場合、綺麗なチラシも作った、クチコミサイトにも美味しいと自分で(?)書き込みした。駅前で割引券も配った。そしてお客様がたくさんやって来たとします。でももしそこで不味かったらどうなるでしょうか？

もう誰も食べに来てはくれませんよね。すべて台なしです。

起業家にとって一番大切なのは、お客様に高い価値の商品を届けることです。そもそも起業したての時は信用がありませんから、優れた商品が重要なのです。

「私が扱っているのは差別化できない商品だから品質を高くしたい。しかしお金には限界がある。ならば、そこそこの品質にしてマーケティングにドンとお金を使いたい」

なかには、こういう人もいるでしょう。

これは悩ましいところなのですが、ここは品質で勝負してください。昔ならば、あまり品質がよくなくても、買った本人以外にはわかりませんでした。

しかし、今は瞬時に悪い情報が口コミサイトやＳＮＳで伝わってしまいます。逆に言えば、いい情報も素早く伝わるということです。

高品質のもの、つまりいいものはみな、いろいろな人に自慢したくなるものです。実直に高い品質のものを提供し続ければ必ずあなたを評価してくれる人、ファンが現れます。品質はちょっといいではなく、すごくいいを目指してください。この金額ではあり得ないというものが感動を呼ぶのです。

ちなみに、ここでいう高品質とは商品自身でなくてもいいのです。
・おしぼりを何回も交換する
・素早く納品する
・夜でも駆けつける
・電話のサポートが丁寧
こうしたサービスも高品質と言えるのです。

48 属人化は悪くない

ジャスダックに上場した会社の社長から営業管理システムを作ってほしいという依頼が来た時のお話です。

「井上さん、うちが営業管理システムを作りたいのは、今まで営業が属人化していたからなんですよ。こいつは売るけど、あいつは売れない、テリトリーがいいとか悪いとか。これからは個人の力、つまり属人的なしくみで販売するのではなく、会社のしくみとして販売していきたいんです。だから営業担当地域や担当するお客様をランダムに変更して、売上を一定の営業マンに依存しない、つまり属人化しないようにしたいんです」

背景はこういうことでした。その後システムが完成し、運用をスタートしました。

さて、どうなったのでしょうか？

その会社の売上はどんどん落ちていき、最終的に、売上は当初の１／３まで落ち込みました。最終的に創業社長は会社から追い出されてしまいました。

「属人化しないようにしくみで売る」という言葉は、正論のように聞こえますが、そうではありません。

売れない人は何をしても売れないのです。売れる人は誰も真似できない属人的な方法で、顧客に密着し、営業をします。誰でも売れるしくみやマニュアルというのは存在しないということです。

人を諦めるということではありません。売るための教育は徹底的にすべきですし、くれぐれもそこは誤解してほしくはないところです。

ただ、それ以上はどうしようもないと考えるべきです。売れる営業とは結局、属人的なものなのです。

49 販売店ならば戦いを避ける

商品の差別化ができないものを売る起業家もいると思います。ただ、もしすでに販売店があり、知名度が高いならば、あなたが少しだけ安く売ったとしても、その販売店に勝つことは難しいでしょう。お客様は少し安い程度なら安心できるいつもの販売店から買ってしまうからです。

よって、あなたはその商品を売るために、大幅に価格を下げる必要が出てきます。

「でも、そんなに安くしたら利益がなくなってしまう！」

その通りです。そういう場合にはしかたありません。違う商品を売るか、同じ商品を違う地域、違うターゲットへ販売することです。

販売店同士の価格勝負は消耗戦になります。商売というのはどちらが必ず勝つというわけではありません。どちらも負けるということもあるのです。

だから、戦わずに競争相手のいない地域でそっと販売するとか、または相手がネット販売ならば、対面販売にするといった工夫が必要です。

昔、ある零細メーカーの会計ソフトを販売したことがあります。零細メーカーのため、他に販売店もなく、ライバルはいません。当社はいつも定価で販売していました。ところが、それに目をつけ、ある販売店が1割引で市場に参入してきました。しかたなく当社も1割引にしたところ、また違う販売店が参入してきました。そこは2割引といっていきます。その後も次々と販売店が参入してきて最終的に半額になりました。仕入れは4掛けだったので、半額で販売すると儲けはたったの1割です。しかたなく当社はこの市場から撤退しました。

価格勝負の場合、一番安いプライスを掲げた会社がひとり勝ちするという話をよく聞きますが、それはウソです。

先ほどの半額で売っていた販売店は程なく倒産しました。価格競争になってきたら撤退する、違うマーケットを探すということが、販売店が成功する秘訣なのです。商売というのは勝ち負けではありません。

時には逃げるという戦略もあるのです。

50 本質をマネする

昔、業界の新聞社に「税理士を多数掲載した本を出しませんか」と提案したことがあります。

「税理士ばっかり載っている本なんて売れませんよ。しかも税理士から掲載料をとるなんて、絶対無理ですよ」

新聞社の担当者はこう主張するのに対し、私は次のように返しました。

「ステイタス性の高い本なら先生方は載りたいと思うはずですよ」

しかし、担当者は渋い顔です。

そこで、私はこう言いました。

「ならば本の印刷代、紙代、編集にかかる費用などすべての経費を私の会社が負担し、売上は折半ではいかがですか」

「うちはノーリスクで利益が入り、井上さんは大損するかもしれませんが、それでもいいんですか。それならやりますよ」

ようやく合意をとりつけたのです。

結果はどうだったかと言うと大成功。当社は2000万円、新聞社は6000万円の利益になりました。成功を祝って打ち上げをし、次回はああしよう、こうしようとみんなでアイデアを出しあいました。

その後しばらくして新聞社から連絡が来ました。

「次回は当社だけでやります。今までありがとうございました」

なんとも虫のいい会社だなぁと思いましたが、私も本業とは違うので、たいして腹は立ちませんでした。

その後、新聞社からシリーズとして数刊が出ましたが、売れ行きはあまり芳しくないと風のたよりに聞きました。

「もう、このテーマは売れないのかな?」

そう思い、私は書店でその本をたまたま見つけペラペラめくりました。ビックリしました。本の体裁は同じでしたが方向性、本質が全然違う本なのです。

私が作った本は紳士録、つまり掲載されるだけで素晴らしい人だと思われるような本として編集しました。内容も税理士が苦心したことや経営者への提言がメインです。自分で言うのもなんですが読み物としても素晴らしいものでした。

ところが、新聞社が独自に作った本は体裁こそ一緒ですが、単なる広告の本なのです。『当事務所は、みなさんのために全力で仕事します。ぜひ、当税理士事務所をお選びください』

こういった内容ばかりです。広告なんてお金を払ってまで読む人はいませんよね。だから部数も伸びない。税理士も紳士録ならステイタスを求めますが、広告なら効果や結果を求めます。部数の伸びない本に広告効果はありません。

マネを悪いとは言いませんが、どんなビジネスでも本質を理解する必要があります。つまりマネるなら本質をマネるのです。売れているものの立てつけだけ、上っ面だけのモノマネをしてもお客様の心をつかむことはできないのです。

51

お客様を選ぶ

起業したてだとお金に目が曇り、へんなお客様でも「まぁ、いいや」と仕事を受けてしまうことがあります。そしてその後痛い目にあうのです。

会社経営の基本中の基本はターゲット、つまりお客様を決めることです。

このターゲットには年齢的なもの、金銭的な意味での客層もありますが、人柄も加えてほしいところです。

へんな人は手間がかかりますし、こちらのミスにつけ込んでクレーマーに変身する人でもあります。ですからいくら売上がほしくても、何か嫌な予感がする人には売らないことが大切です。

私にも苦い思い出がありますので、例としてあげましょう。

ＰＣがまだ高額だった頃、ＰＣのレンタルをしていたことがあります。ある会社からＰＣを借りたいということで電話がかかってきたのですが、ちょっとへんな社長です。数十分に渡り、自分の凄さや自社の素晴らしさを語ります。

とはいえ、こちらも仕事です。調子よく話を合わせて５台のＰＣをレンタルしました。もし中古のＰＣを送った結果何かクレームをつけられたら嫌だと感じ、すべて新品のＰＣを送りました。

送付した翌日に電話がかかってきました。ディスプレーの調子が悪いとのこと。そして彼が発した言葉は私の予想を超えていました。

「迷惑料としてＰＣは全部うちでもらいます」

すったもんだした挙句、ＰＣをとり返しましたが、ボロボロになって返ってきました。もちろんお金はもらえません。

また、クレーマーに訴えられたこともあります。代表者は一切顔を出さず、代表者の奥さんが担当者です。

その奥さんは、自治会費を払わない、何かあると自治会の会長に文句を言いに行くという、近所での評判が非常に悪い人でした。

私もそのことを知っていましたが、地元のトラブルとコンピュータシステムは関係ないだろうと契約しました。

納品して2年後、やはりクレームをつけてきました。たいした額ではないので、この奥さんに「代金は全額返金します」と言いましたが、それではこの奥さんの矛先が収まりません。

「損害賠償しろ、代金の数倍のお金を支払え」

このように主張してきて、内容証明が送られてきたため、しかたなく裁判になりました。もちろん、裁判には勝ちましたが、そのために費やした時間や労力を考えると本当に馬鹿らしい話です。

どんなお客様を選ぶべきか、そのイメージを固めておきましょう。

52 パートナー選びの失敗

ビジネスをしていると嫌な社長もいれば、親切な社長もいます。親切な社長は人柄もよく何でも相談に乗ってくれる頼れる存在です。

しかし、そこに起業家を陥れる罠が潜んでいます。「よしっ、やってやるよ」と何でも快く引き受けてくれるのですが、結局「スマン無理だったよ」と言う社長や「ごめん支払い待ってくれるかな」とお気楽に言う社長もいます。

へんな人ならいいのですが、人柄がいいので始末に悪い。

・自分に都合よく考える
・物事を安易に考える
・楽観的で他人任せ
・お金にルーズ

こうした『失敗するDNA』を持った人柄のいい人と仕事をすると、あなたも危機的な状況に追い込まれます。DNAなので、いくら失敗しても治るものではありません。

「大丈夫大丈夫、オレに任せてよ。納期までには、ばっちり間にあわせるから」と言って、しばらくしてから「いやぁ、うちの娘が入院しちゃって病院に行ったり来たり。納期には間に合わないなぁ」と笑顔であなたに言うのです。こういう人をビジネスパートナーにすると大変です。失敗が約束されています。

ある社長は人柄もよく、まわりの社長たちから愛されています。仕事もしっかりやる人です。

しかし、この社長はお金にルーズ。会社のお金で自分の家の住宅ローンを払ったり、娘の高校に寄付したりとめちゃくちゃです。何に使ったかわからない使途不明金もたくさんあります。結局、まわりの人に迷惑をかけ借金だけ残して倒産します。しばらくしてまた会社を立ち上げるのですが、また同じことをして倒産します。

一度倒産させた人がその時の経験を活かして新しい会社を立ち上げて成功するという話は、海外では聞く話ですが、日本では反省なく、同じことが繰り返されるのです。もし一緒にビジネスをするなら、どんな人なのかをよく見極めてからスタートさせてください。

53 信用調査には回答する

起業していくつかの会社と取引をはじめると、しばらくして帝国データバンクのような信用調査会社から電話がかかってきます。

内容は次の通りです。

「あなたの会社の売上はいくらですか」

「利益はいくらですか」

「従業員は何名ですか」

こういった感じです。国ならともかく信用調査会社は民間企業ですから、答える必要はありませんし、あなたの会社がうまくいっていればいいですが、赤字の時には答えたくないものです。

しかし、これには回答しておかないと後で困ったことになります。なぜならあなたがリースでものを買おうとすると、リース会社は信用調査会社に問い合わせます。もしそこに情報がないと、リースが通りません。

銀行融資を受ける際も同様です。銀行も信用調査会社に問い合わせます。やはり情報がなければ融資は通りません。

銀行もリース会社もいちいちあなたの会社の状況を聞きに来るほど、ひまではないのです。

突然、電話をしてきて「財務内容を教えろとは失礼な会社だな」と思うかもしれませんが、回答しないとあなたの会社が結果的に損をすることになります。納得行くかどうかは別として回答しておくほうが無難です。

54 人が少ないほど、いい経営

「起業しました、早く人を雇いたいです、何人の会社にしたいです！」

こういう社長は少なくありません。社員が多ければ多いほど素晴らしいと勘違いしている社長さえいます。

しかし、真実は逆で、人なんて少なければ少ないほど、効率がいいのです。雇えば雇うだけ、商売とは関係ないことに頭を悩ませることになります。

給与が不満といった待遇の問題や、社内の誰それさんとはうまくいかないといった人間関係の問題、新規事業を自分で立ち上げ突然退社といった会社の事業に関わる問題もあります。社員の数が多ければ多いほどさまざまな問題が起こり、社長はそれに忙殺されます。

早く大きな会社にしたいというのはわかりますが、大きな会社とは社員数が多いということではありません。売上や利益が多い会社が『大きい会社』なのです。

会社経営を成功させるのであれば、社員数はミニマムにすることをオススメします。そして採用は焦らないことです。私も経験があります。大きな見出しの求人広告を高いお金で出した時は、良い人が来ないと焦ってしまいます。求人広告に使ったお金を回収したくて、まぁこの中だとこの人が良いかなぁなんて雇ってしまうものです。

お金はもったいないですが、気に入った人が来ない時は思い切って誰も採用しないことです。

よく考えてみてください。人をひとり雇ったら社会保険や交通費なども含めると、年間で500万円はかかります。求人広告費の100万円、200万円がもったいないのはわかりますが、できない人を雇い、ミスマッチングでその人が辞めてしまい、また求人広告を出すくらいなら気に入らない人を勢いで雇わないことです。

昔、一気に会社を大きくしたくて、営業社員をいっぺんに4人雇ったことがあります。ところが、1年経っても営業社員全員がほとんど売れません。結局ひとりまたひとりと退社していき、最終的に営業社員4人全員が退社しました。

では売上はどうなったかというとほとんど変わりませんでした。しかも人件費がなくなった分、会社は大幅な黒字になりました。

55

起業家はアルバイトを雇う

人が少ないほうがいいことはわかったが、それでも人を雇いたいという場合もあるでしょう。

「毎日朝から晩まで働いている、寝る時間もないんだよ！」

できればそれでも採用は我慢していただきたいというのが私の主張です。

何故かと言うと、あなたがいくらお金をかけて、素晴らしい求人広告を出したとしても小さな会社、創業したばかりの会社にはまともな人が来ないからです。

私も起業してしばらく経ち、仕事が忙しくなったため、求人広告を出しました。応募者は来るのですが、相当低いレベルの人ばかりが集まってしまいました。大卒でも中学で習った漢字が読めない。簡単な計算ができないという能力に問題のある人や、人と目を合わせられない、勤務日数の半分以上が遅刻、暴行で前科がある、突然来なくなってしまうといった人間性に問題がある人など、応募してくる人はつわものばかり。

いえ、面接に来るのはまだいいほうで、連絡なしで来ない人もたくさんいました。また、ある時は「採用が決まりました」と電話したところ「結構です」と逆に断られる始末です。雇った次の日に辞めた人もいました。

私が昔、在籍していた会社は社員数500名。会社は新宿の三井ビルの最上階にありました。TVでCMも流していたので、それなりに人気がありましたが、ほとんどは平凡、というか普通の人です。こういう会社でさえ優秀な人は来ないのです。あなたの会社に優秀な人が来ることはまずないでしょう。

正社員の場合、会社に自分の人生を賭けることになるのです。だから慎重に会社を選びます。あなたも起業したてでいつ倒産するかわからない、給与をもらえないかもしれない会社には入社したくないですよね。

つまり、あなたの会社には「それでもいいや、どこにも受からないし……」といった人たちしか集まらないのです。だから優れた人どころか普通の人さえ来ません。

また、金銭的に言っても正社員はオススメはしません。起業したての場合には、優秀なアルバイトを雇うのです。時間も融通を利かせてあげ、数人をローテーションでまわします。アルバイトならあなたの会社がたとえ起業したてで小さな会社でも関係なく来てくれるはずです。

では、どんなアルバイトがいいのかと言うと、話の受け答えがスムーズかどうかです。

学歴や経歴はまったくあてになりません。日本人である必要もありません。とにかく普通にしゃべることができるかどうかです。なぜか能力の低い人は自己表現が下手というか、話の受け答えがぎこちない気がします。面接で緊張しているのかなといいほうに考えてはいけません。いつでも普通に会話ができる能力は必須です。

しかし、事務職ならこれでいいかもしれないけれど、営業職は正社員でないと難しい。

こうした理由で正社員を雇いたいなら昔からつき合いのある、知っている人を雇いましょう。あなたもその人の能力を知っているでしょうし、相手もあなたの人柄を知っている人ですからスグ辞めてしまうということもありません。

なぜ、こんなに採用について厳しいのかと言うと、ダメな人を雇うと会社の業績が落ちてしまうからです。仕事とスポーツは同じです。野球がうまい人はバスケットもバレーボールもそこそこ上手です。逆に、運動神経のない人は何をやらせてもダメですよね。

仕事も同じです。総務ができる人は営業やサポート、経理などもそこそこできるものです。できない人というのは、何をやらせてもダメなのです。

56

デザインに凝る、凝らない

会社を設立しようと決意した途端、営業より何より「会社名」や「ロゴマーク」を一所懸命に考えている起業家がいます。たしかにずっと使うものですから一所懸命に考えるのは悪くありませんが、そればかり考えている人は困り者です。

ロゴマークなんて作らない。会社名なんて適当に決めて後で変更すればいいのです。それに、何十年もずっと同じ仕事をしているとは限りません。ロゴマークなんて覚えてもらうまでには10年以上かかります。そんなことを考えているヒマがあったらまず営業に行くべきです。

では、デザインはなんでもいいのかというと、そういうことではありません。たとえば広告やパッケージ、ホームページなどの「見た目」にはお金をかけるべきです。

中小企業の商品がみすぼらしく見えるのは、デザインにお金をかけないからです。

「チラシを作ろう。でもコストはかけたくない」

これが起業家や社長の本音ではないでしょうか。印刷はどこに頼んでも価格はあまり変わりませんので、コストダウンは結局、デザインに向かうのです。

昔、有名なデザイナーに依頼したことがあります。デザイン料は１ページ15万円。つまりＡ４ペラのチラシ、表裏のデザインだけで30万円です。それまではデザイン料が１ページ１万円の会社に頼んでいました。15万円は高いなぁと思いましたが、これで問い合わせが増えればと思い、依頼しました。これが大正解。今までよりずっと多くの問い合わせが来ました。

もちろん、起業家は１ページ15万円もデザインに投資する必要はありませんが、思い切ってちゃんとしたデザイナーに１ページ３万円くらいで作ってもらったらどうでしょうか。見開き４ページで12万円は少し高いですが、ショボいカタログを作って全然売れないのでは、広告を作る意味がありません。会社も作りたて、広告もショボいでは誰からも信用されないのです。

直接、売上に直結する、会社のイメージをよくする部分にはお金をかけて、そうでないところにはお金も時間も節約する。起業家は、ケチるところとケチらないところを分けることが重要です。

57

値下げより値上げ

商品やサービスで永遠に売れ続けるものはありません。最初は売れていても、だんだん売れなくなっていきます。飲食店であればよっぽどの人気店にならないかぎりお客さんはだんだん少なくなっていきます。

「その時におかしいな、どうしてかな、やっぱり価格かな」と値下げをする社長がいます。残念ですが、値下げしても利益が下がるだけで、現状を打開することはできません。値段を下げずにどうやって売るのかを考えるのが、経営者の仕事です。

あるコンサルタント会社の社長とお酒を呑んでいた時のお話です。

「今、コンサルタント料を毎月7万円もらっているんだけど、お客様がどんどん減ってしまい、今契約している会社は5社しかないんだ。もっと価格を安くすれば多くの会社とコンサル契約を結べるんじゃないかな。ダメだった時はもう会社を締めるつもりなんだけど、どう思う?」

こう聞かれた私は、次のように提案しました。

「コンサルタント料を３００万円にして5年リースにするのはどうでしょうか？」

社長は呆れて「今、７万円でも契約がとれないのに、３００万円なんて言ったら、誰も契約してくれないよ」と答えます。

しかし、彼は他に解決策が見つからず、私の言葉を信じてコンサルタント料を３００万円に値上げしました。

すると、その期の経常利益は黒字になり、４０００万円プラスに転じました。

安い値段には安いお客様、高い値段には高いお客様がやってきます。新車のベンツが１００万円で売っていたら、あなたは「幽霊でも出るんじゃないか」と怖がって買わないですよね？

それなりのサービスや商品の場合、価格がある程度高くないと、大したサービスは受けられないと思われたり、まがいものやコピー商品を売られるんじゃないかと、むしろ疑わしくなってしまうのです。

価格を決めることは、ターゲットを決めることでもあるのです。高級車を探している人には、安い中古車の広告は目に入りませんし、安ければ何でもいいと中古車を探している人には新車の広告はスグに捨てられてしまいます。

ターゲットの違う人には、あなたがいくら一所懸命頑張っても売れないのです。売れないからと値下げすると、今までのお客様が離れてしまうかもしれません。安いものばかり探している下賤なお客様が増えてしまうかもしれません。

単に値下げすれば、もっと売上が上がると思うのは幻想なのです。むしろ値上げできないかを考えてみてください。

58 お客様は必ずお金を払うとは限らない

ある社長は高額商品をとり扱っていました。販売方法はお客様を開拓しメーカーに斡旋、メーカーがお客様と直接契約したら、その手数料をもらうというしくみでした。

社長は、見かけの売上がほしいこととメーカーに主導権を握られているみたいでカッコ悪いという理由で、メーカーから仕入れてお客様に自社で販売するしくみに変更しました。

しかし、ある時お客様とトラブルになり、お金を払ってもらえません。もちろんメーカーからは請求書が届きます。社長の会社はしばらくして倒産しました。

会社を経営すれば、あなたも必ずお金をもらえない事態に出くわします。これは１００パーセントの確率で言えることです。私は何回も経験しました。

ひとつだけ、その時のことをお話しします。

ある社会保険労務士にパソコン、プリンタなど１００万円相当を納品しましたが、お金を払ってくれません。しかたないのでパソコンを引き上げに行くと、事務所の職員数名がみんなで手を繋いでパソコンをとり囲み、こう言ってきたのです。

「これらは返しません。返すと私達が先生に怒られる」

殴るわけにも行かず、会社に戻りました。何かこちらに落ち度やパソコンに問題があるならまだわかるのですが、支払ってくれない意味がわかりません。

少額ならいいのですが、高額商品でしかも仕入れが発生するものだと大変です。利益がなくなるどころか大きなマイナスになります。

このことを踏まえてのアドバイスをひとつ挙げるとすれば、起業家は高額商品を扱うなら、仕入れをなるべくしないことです。

もし仕入れをしなければならない時は、先にお客様から代金をいただくことを頭に入れておきましょう。

59 仕入れは2掛け

物販の商売をする場合、仕入れは２掛け、３掛けに抑えましょう。もし仕入れがそれより高いならば、売りたい商品であっても断念すべきです。売るというのは、実は結構お金がかかることなのです。

たとえば定価10万円のものを５掛けで仕入れ、２割引で販売した場合、残りは３万円ですよね？

販売するためには、チラシを印刷し、広告を出し、契約にお伺いし、納品するという工程をたどります。

ただ、これだけやって利益がたった３万円では割に合いません。ホームページを作り、黙っていてもバンバン注文が来て、送付するだけという通販ビジネスならばそれでもいいと思いますが、売るために広告を出したり、お客様に訪問し説明する必要がある商品ならば利益額が少なすぎます。

私の知り合いで、こういう薄利多売の商売をしていた人がいました。毎日毎日忙しいものの利益は少なく、資金繰りがどんどん酷くなっていき、ついには借金まみれになりました。ある時から彼はだんだん、耳が聞こえずらくなったそうです。

しかし、仕事が忙しくて病院に行く時間がありません。その後、道で倒れて救急車で運ばれました。脳梗塞でした。2年後に亡くなりましたが、葬式には借金取りや売掛金を回収したい業者がたくさん来ていました。

ひとつ数百万円の高額な商品ならともかく低額で利益額が少ないものは、忙しくなるわりに儲からず商売が成り立ちませんから止めておいたほうが賢明です。

60 イメージしてみる

起業したての頃は、「これもうまくいきそうだ、あれも販売したら面白いな」と、アイデアがたくさんあふれ出してきます。

まぁちょっと待ってください。さて本当にうまくいくのでしょうか？

まず、アイデアが浮かんだら、事業を開始しお金をもらうまでの流れを、なるべく細かく頭のなかでイメージしてみてください。

・ホームページを作成し、SEOはこの業者に頼む
・申し込みフォームには、購入、資料請求をつける
・カタログがほしい人のためにカタログを用意する
・カタログを入れる封筒も用意
・カタログ以外には雑誌の切り抜き記事を入れよう

・申込書には時間外でも対応できるように携帯電話の番号も入れておこう
・送付した後、お客様から何もアクションがない場合には、送付してから1週間後に電話をするしくみにしようｅｔｃ……

こうして細かくイメージしてみると、必要なものや考えていなかったコスト、問題点が浮かび上がってきます。私自身も経験があります。すべて完璧にイメージしてサービスを開始したつもりでした。

ところが、お金を振り込んでもらうしくみが一部抜けていました。何かと言うと「何回メールしても相手から返信がない場合の対応」です。インターネットサービスなので、相手の名前とメールアドレスしかわかりません。メールさえすれば返信が来るものという思い込みがあったのです。

ビジネスをイメージしてみることは非常に重要です。広告を出してもお客さんからまったく問い合わせがない場合にはどうするか、売れてから仕入れる場合の納期はどのくらいか、返品の時にはどう対応するか、今すぐほしい、もって来てほしいと言われた時の対応など考えることはいくらもあるのです。

61 営業は顧客密着営業

あるマーケティングの本に、こんなことが書いてありました。

『さまざまなパターンのチラシ広告を出して調査し、広告費を利益が上回ったチラシだけを集中的にばらまくのだ』

正直言って、これはちゃんちゃらおかしい話です。

私は短期的に利益を上回る広告なんていうものは、世の中に存在しないと思っています。会社を設立し25年、広告費を上回る利益を上げたチラシなんてひとつもありません。チラシがきっかけとなり紆余曲折し売れたとか、チラシを見続けて数年後にやっと問い合わせが来たなんてものはあります。つまり、広告については、「短期的には効果がわからない」というのがホントのところです。

とはいえ、広告を出さないとお客様があなたの会社を知ることはありませんから、広告は必須です。

「広告を出したけど全然売れない、問い合わせもない。じゃあ、や〜めた」ではなく、広告は「売れたらいいや、売れたらラッキー！」というぐらいの感覚で、継続的に出すべきなのです。

起業したての頃は商品もそうですし、あなたの会社はもちろんあなた自身にも信用がありません。見込み客を見つけるには広告宣伝するためのお金が必要です。この信用もお金もない状況で、同業の会社と戦わなければならないのが起業です。

それでは、起業家はどう戦ったらいいのでしょうか？

ずばり、顧客密着営業です。顧客密着営業とは、特定のお客様の相談に乗ったりして親しくなり、商品を販売する方法です。例をあげれば、生命保険会社さんの営業はたいてい顧客密着営業です。起業したての頃は、これを真似て営業するといいでしょう。

商品やサービスにもよりますが、大手企業は顧客密着営業をあまりしません。なぜかというと効率が悪いからです。

営業マンの給与はもちろん、営業以外のバックヤードの人件費も必要です。大手企業ゆえに高い家賃のビルに入っているかもしれません。起業家のようにいくつか売れれば、会社が成り立つわけではありません。起業したての頃、社員はあなただけか、または数名でしょう。たいした経費はかかりません。

・知り合いをたどって見込み客を発見、笑顔で訪問
・問い合わせがあったところへは毎月顔を出す
・来店型ならば無料会員を募って住所やメールアドレスを聞き出し、案内を定期的に出す
・セミナーを行って来場者してくれた人へ定期的に情報を送る

なんでもいいのです。

まず、あなたの顔を覚えてもらうところからスタートします。親しくなれば、「まぁいいや」と買ってくれるものです。起業家の営業はいい人間関係を作ることからはじめましょう。起業家ははじめに顧客密着営業でお客様から信用を勝ちとります。するとお客様はあなたを信頼して商品を買ってくれます。その商品がよければ知り合いを紹介もしてくれます。

顧客密着営業は、泥臭い営業ですが、確実な方法です。こうしてまずは会社の売上の基礎を築くのです。

62 仕入れ先は複数にする

開業して5年ほど経った頃のお話です。

当時10種類ぐらいパソコンソフトを制作していましたが、完成時期が違うこともありカタログのデザインがみなバラバラでした。

そこで、統一性を持たせたカタログを作ろうということになり、ある広告代理店に頼みました。デザインもよく、印刷代も安い。親身になってデザインを考えてくれるということもあって私はその会社に惚れ込み、すべてのカタログデザインを頼みました。

カタログが完成してしばらく経ち、内容が変更になったので、そのデザイン会社に電話をしました。誰も電話に出ません。おかしいなと思って毎日電話しても誰も出ません。

そしてついに、この電話番号は使われていませんというメッセージが流れました。倒産してしまったのです。デザインデータや版下原稿はすべてそのデザイン会社が持っていたため、内容変更ができません。

結局、値段も高かったのですが、時間的な余裕がなかったので、しかたなく他のデザイン会社にカタログを依頼しました。

起業してしばらく経ったら、仕入先や委託先は複数にしておいたほうが無難です。仕入先も委託先もいつ倒産するかわかりません。

たとえば、仕入先がひとつしかなく、そこが倒産したらどうなるでしょうか？

他の仕入先に急いで新規取引を申し込んだとしても、予審や調査で時間がかかるかもしれません。その間、あなたの会社は販売ができませんから、売上がストップしてしまいます。非常にもったいない話です。

長く会社を経営していると、こういったことはよくあることです。少しぐらい高くても、複数の取引先と友好な関係を作っておいたほうがいいでしょう。そうすれば、一方の取引先が倒産しても助けてもらうことができます。価格面でちょっと高いなということもあるでしょうが、これは保険と考えてみてください。

これは何も、仕入先や委託先だけではありません。銀行も同様に一行だけでなく複数の銀行口座を作りましょう。

たとえば、一行から融資を断られたら、資金繰りが行き詰まってしまいます。死活問題です。昔のようにメインバンクという時代ではありませんので、くれぐれもこのことを忘れてはなりません。

起業後しばらく経ち、売上がある程度見込めるようになったら次にやることは会社を安定させることです。そのために、あなたの会社が取引しているすべてを複数にして、万一の事態に備えておきましょう。

63

経営者とはどういうものなのかを知る

起業したての時は、何でも売れそうな気がするものです。

「俺が世の中を変えてやる！」

なんていう高揚感もありますよね。わかりますよ。私もそうでしたから。

ところが、だんだん世の中がわかってきます。「パイロットになりたい」「Jリーグで活躍したい」という小学生の夢が、大人になるにつれ現実的になり、「公務員になりたい」と変わるように、あなたの夢は株式公開から「黒字の会社になりたい」へ変わり、ついには「明日のお金がほしい」というように、どんどん小さくなっていきます。

「起業したら、ロケットスタートで売上を伸ばし、数年後には株式公開だ！」

こう行きたいところなのですが、起業したての時はミニマムにビジネスを行うことをオススメします。そしてまずは、経営者という『役職』に慣れてください。

起業して最初の1年間で学ぶべきことは、たったひとつ「経営者とはどういうものなのか」を知ることです。

「なんか夢のない話だな」と感じたかもしれませんが、これを知るだけで1年を費やす価値は十分あります。最初から大きな売上を目指し、大々的に広告する、高いお金でホームページを作るといったことは、翌年でもいいのです。たぶん起業時とはお金の感覚がずいぶん変わっているのでないでしょうか?

私は、あまり言うことを聞かない子供でしたので「大人の言うことを聞きなさい」とよく言われました。

でも、今から考えてみると、大人の言うことは結構、当たっているんですよね。

えらそうなことを言う気はありませんが、悪いことは言いません。最初は手を広げすぎず、ターゲットや地域を限定して勉強することで、経営感覚を磨きましょう。

第6章

起業家の失敗例を知る

この章で考えておきたいこと

私もそうでしたが起業したての頃は、お客様からのいい反応や取引先からのお褒めの言葉、大手からの問い合わせで大喜びしてしまうものです。

しかし最終的に、結果は残念なものばかりです。起業家は周りの反応に一喜一憂せず、冷静に考えて行動したいものです。たった一回の失敗で会社が倒産してしまうかもしれません。

この章では起業家が陥りやすい失敗例についてお話しします。

64 お客様はほしいからと言って買うとは限らない

社長「井上くん、こういう機能があったら、スグにでもほしいんだよ。でも君のところはこれがないでしょ。これができたら買うよ」

数か月後、その機能を作成してお客様のもとへ向かいます。

社長「おお、よくできているね。こういう機能がほしかったんだよ」

こんなふうに、興味を持ってくれました。そこで、買ってもらおうと切り込んでみました。

私「ではご注文を」

社長「検討しておくよ。買う時にまた連絡する」

しかし、いつまで経っても、お客様から連絡が来ることはなかったのです。

実は、こういうことはざらにあります。起業家は、このことを心に留めておいたほうがいいでしょう。

お客様は、その場その場で思いつきを言うものです。お客様の「何々だったら買うよ」というのは、実は「何々だったら検討してもいいよ」という程度の軽いものなのです。

要は、お客様の言葉を信じて商品を作ったり、改良しても、買ってもらえるとは限らないのです。もともと買う気があるならば買ってから、「こういうもの、ぜひほしいんだよ」と言うはずです。お客様の言葉を信じ、そのために設備投資をしてその商品を生産していたとしたら、目もあてられません。

また、いいと思っても買うか買わないかは、その時の気分や価格、状況にもよります。あなたもコレほしいなぁと思ってもスグ買うとは限りませんよね。ほしいということとお金を払うということとは別の話なのです。

65 乗っ取りコンサルタントという存在

ある日、松葉杖メーカーのコンサルタントという人がやって来ました。そのメーカーは貧しい国の人たちに松葉杖を無料で提供し、それがＴＶにとり上げられたこともあり、売上が急激に伸び、生産が追いつかない状況だそうです。

「それは素晴らしいですね。ならば私のところに相談に来る必要はありませんよね」

と、そのコンサルタントの方に言うと、次のように返してきました。

「いや、社長が欲のない人で、売上は上がるんですが、利益があまり上がらないんです。そこで私が社長になって会社を伸ばそうと思うんですよ。それで何か知恵をお借りしたいなと思いまして」

もちろん私は丁重にお断りしました。

社長からコンサルティングを依頼され、毎月お金をもらっておきながら会社を乗っ取ろうとするなんて、言語同断です。

とはいえ、こういうコンサルタントは結構多くて、今までにも何人かお会いしたことがあります。コンサルタントと名乗ってはいますが、自身がアントレプレナー気質を持っている人なんです。だから「オレならもっと……」と思うんでしょうね。

起業家はコンサルタントなんて雇う必要はありませんし、そんなお金があるならもっと違うことにお金を使ってください。

余談ですが、融資コンサルタントや営業コンサルタントのように専門化しているコンサルタントの人はきちんとした人が多い気がします。その一方、「経営コンサルタント」「起業コンサルタント」といった曖昧な肩書を持つ人で、私はまともな人に会ったことは大手も含めて一度もありません。もちろん、いるのかもしれませんが……。

66 経営者の会に惑わされない

社長になった途端、異業種交流会に出たり、経営者の会に入る起業家がいます。何か自分が偉くなったように感じるためかもしれません。会社経営は孤独ですから仲間がほしくなるのはわかります。

しかし、こういった集まりに出ることはプラスにはなりません。むしろマイナスです。

ある日、地方都市で知り合いの社長数名とホテルで呑み会を行いました。呑み会が終わりホテルを出ると、社長たちが何故かホテルの前に止まっているバスの運転手に最敬礼で挨拶をしています。

後で話を聞いてみると、そのバスの運転手は、経営者の会の先輩だったそうです。会社が倒産してしまい、今はバスの運転手をしているとのこと。挨拶された元社長もバツが悪そうでした。

経営者の会は、サラリーマンでもないのになぜか序列があります。先輩社長の言うことを後輩社長はハイハイと聞かなければなりません。

そして着目すべきは、経営者の会には創業者は少なく、二代目、三代目の社長が多いというところ。二代目社長は起業家と違い、社長自身が仕事をしなくても、会社は安定しています。

そのため、毎回、先輩社長がひいきにしているフィリピンパブに連れて行かれる社長、会合の後に5次会まで引っ張られて朝までつき合わされている社長、復興支援という名の「遊び」につき合わされ、被災地支援に行く社長もいます。こういう道楽につき合わされたら起業家はスグ倒産です。

また、異業種交流会も同じです。相手に売りつけてやろうという人、薄い人脈をひけらかしに来る人、そしてパトロンを探している女社長……。こんな人達に会って仕事になるはずがありません。

起業家の仕事に終わりはありません。土日もなく365日毎日夜中まで仕事をしている起業家だけが社長として生き残るのです。

67 とんずらされたら危険

いきなりですが、ネットで「レンタルスタッドレス」と検索してみるとたくさん出てきますが、このしくみを作ったのは私です。ちなみに私はレンタルスタッドレス協会の会長でもあります。

とはいえ、事業はとっくにやめていますから、会長に挨拶に来る人は誰もいません（笑）。

それはともかく、なぜレンタルスタッドレスをはじめたのかをお話しします。知り合いで借金まみれの人がいたのです。

ある日、この人に私はこう提案しました。

「もしお金に困っているなら、レンタルスタッドレスという今までなかった事業を社長としてやってみないか。資金は出してあげるよ」

彼はこれに対し、「やってみたいですが、借金があるので難しい」というので、「借金を肩代わりをしてあげるからやってみないか」と告げました。

すると、彼は涙を流してこう言います。

「井上さん、ありがとう。今度こそちゃんとやるよ。オレも成功したいんだ」

事業はうまくいきましたが突然、この社長はタイヤやホイールなどすべて売り払い、お金を持ったまま、とんずらしました。当然、肩代わりした借金は戻って来ません。

数年後、フェイスブックで友達申請が来ました（笑）が、自分の電話番号や住所は決して教えてくれません。教えると、請求が来るのではないかと思っているんでしょうね。

私が知るかぎり、成功している社長はみな、お金を持ってとんずらされた経験を持っています。ビジネスをやる上でこういたことは避けられないのかもしれません。

しかし、起業家の場合、とんずらされたら即アウトです。パートナーを選んだり、社員を雇う時には慎重に行ってくださいね。

68 ミニ詐欺師

起業して1年、お金がなくなってきて、少し焦りだしている時の話です。友人から電話がかかってきました。

「実はある人からの紹介で、宅配便の伝票を印刷する仕事があるんだけど、お前もやらないか。毎月20万円くらいの仕事を出してくれるそうなんだ」

詳しく聞くと、伝票印刷専用の特殊なパソコンとプリンターをメーカーから40万円で買う必要があるとのこと。２か月で元がとれると思った私は、スグに飛びつきました。

ところが、お金を振り込んでもパソコンは届きません。翌月になっても音沙汰なしです。紹介者の友人に連絡すると、特殊なパソコンなので時間がかかると連絡があったそうです。そして3か月、パソコンもプリンターも納品されません。友人に、「もしかして詐欺なんじゃないの」と言いましたが、友人は否定します。

「すごくいい人だし、毎日連絡もくれるよ。自宅も知っている。もし詐欺ならもっと大きい金額のはずだよ。たった40万円で警察に捕まるようなことはしないと思うよ」

たしかにそのとおり。

そしてまた数か月が経過しました。結局、詐欺でした。友人と一緒にその人の自宅に行きましたが、本人は不在でお母さんからは「スミマセン、ご迷惑おかけしまして」と言われました。

訴えるのも馬鹿らしいので、結局そのままになりました。ちっちゃいお金だから騙されても訴えてこないだろうという計算があったのかもしれません。窮すれば鈍する。もう少しよく考えるべきでした。

起業してしばらくは、こういう一見、おいしい話が入ってきます。惑わされないように気をつけましょう。

69 相手はどんな社長か見抜く

前著「小さな会社の社長の勝ち方」にも書きましたが、登記さえすれば経営者は誰でもなれますから、へんな社長はたくさんいます。

お金を返さなくても気にしない、周りの人たちを巻き込んで新規事業を開始してもすぐ飽きて止めてしまう。いつまで経っても決断しないため、結局話が立ち消えになってしまう。しかし気にする素ぶりはありません。

こういう何にも気にしない社長は結構厄介な存在です。ここで、あるコンサルタントが実際に体験した話を紹介しましょう。

ある日、社長にこう持ちかけられたそうです。

「株式公開を目指している。取締役としてうちの会社に入ってくれないか。上場時には大きく儲かるから出資してくれてもいいよ」

そのコンサルタントもその気になり、家を抵当に入れて銀行から６００万円借り入れしました。

しかし、その3か月後、突然コンサルタントは取締役を解任されてしまいました。コンサルタントが「経理をきちんとやりましょう」と言ったのが気に入らなかったんだそうです。もちろんこの人が出資したお金は戻りません。抗議しても社長は「それは自己責任だよね。はっはっはー」で終わりです。

こういう人は詐欺師ではなく、悪気がないんです。何も気にしないんです。ある意味、詐欺師よりもたちが悪いと言えます。

見た目がへんな人に、この「気にしない人」が多い感じがします。いやに尖った靴を履いている、スキンヘッド、サングラスをしている、奇妙な服を着ているなど何かしら普通の人と違う容姿をしています。サラリーマンと違って社長はどんな服装でもいいため、奇抜な格好をするんでしょうね。暴力団の人と同じで、彼らなりに私は危険ですよというアラートを出しているのかもしれません。

取引する時には先方の社長がどんな人か見抜く力が必要です。

70 ベンチャーキャピタルとの契約

起業家、特にＩＴ系の起業家は、ベンチャーキャピタル（以下ＶＣ）から投資されることを夢見ている人も多いようです。「フェイスブックなどの成功物語を自分も……」という気持ちはよくわかります。

ただ海外のＶＣと日本のＶＣは少し性質が違います。海外のＶＣはハイリスク、ハイリターン、上手くいけば大儲け、ダメなら自己責任という考えが浸透しています。

しかし、日本のＶＣの多くは、そう考えてはいないようです。ＶＣという名の銀行融資に近い考えで運営している会社が多く存在しています。

一般的にＶＣが投資している会社のうち、株式公開できる会社というのは10社に1社と聞いたことがあります。あなたの会社がめでたく株式公開できればハッピーエンドになるのですが、株式公開できない時はどうなるのかというのが問題です。大体３つのパターンに分かれます。

①あなたがクビになり新しい代表取締役がVCからやってくる
②どこか大きな会社にM&Aされる
③一部の事業業だけをどこかの会社に譲渡して会社を解散する

このいずれかとなります。

ここまでは海外のVCも同じなのですが、日本独特のルールを持つVCもあります。それは「株式買取義務」というものです。

「株式公開できない場合には、あなたの会社またはあなた自身が株を買いとってください」

つまり、こういうことです。株式公開できないのに会社にお金が潤沢にあるというのは、まずありえません。よって株式はあなたが買いとり、お金を支払うことになります。

とはいえ、あなたもそんなにお金があったらVCから資金調達なんてしませんよね。ですから実際にはこの「株式買取義務」というのは行われません。

しかし、ずっと未払いの「借金」としてあなたに残り続けるのです。もし将来、あなたが違うビジネスで成功したらある日、VCからこの借金を支払って下さいと連絡が来るかもしれません。

これは怖いですよね。よってＶＣと株式買取義務つきで契約した社長たちは、みなさん最終的に自己破産を選択しているようです。

大きな声では言えませんが、ひどいＶＣになると会社に怖い人がやってきて、社長を強制的に金融会社に連れて行き、たくさんの会社からカードキャッシングさせてお金を回収し、その後、自己破産させるという荒業を使う会社もあるそうです。

とはいえ、ビジネスを加速させるためにはＶＣは強い味方です。ＶＣはよく調べて優良な会社を選べば怖いことはありません。

71

一番の失敗は自分との戦いに負けること

私は起業家が失敗する姿を本当にたくさん見てきました。私が当時勤めていた会社は、今で言うベンチャー企業だったため、勤めていた社員もベンチャー気質を持つ人がたくさんいました。私の同期や先輩たちで退社し会社を創った人たちは、たぶん20人以上いたと思います。

では、今も残っている会社はいくつあるかと言うと、数社だけです。

では、倒産してしまった人たちの共通点は何だったのでしょうか？

すべての人が自分に甘かったのです。

ある人は輸入小物の店を経営していました。店の営業時間は13時から21時だったので、彼は午前中、昔の仲間と麻雀をしていました。とはいえ、午後はきちんと店を開き、営業していました。店の準備もありますから実働時間は10時間程度でしょうか。1日10時間労働はサラリーマンなら別に問題ありません。

しかし経営者ならばそういうわけには行きません。

「趣味や息抜きが必要ですって?」

経営者にそんなものはありません。

「家族と過ごす時間が必要?」

そんな時間はありません。

人間として欠陥があると言われてもしかたがありませんが、「起業家は仕事以外のことをしてはいけない」と私は思うのです。

ただそんな私もいろいろな誘惑に駆られました。

「もういいんじゃないの。お前はスゴク頑張ったよ。少しぐらい休憩しようよ」

こういう声が聞こえてきます。

成功する起業家と失敗する起業家の分かれ目はココだと思います。こういう声が聞こえてきたらさらに頑張るのです。休憩は成功してから、いくらでもとってください。

「そんなに働いたら死んじゃうよ」

いいえ死にません。経営者で過労死した人はいないと思います。やりたくない仕事を延々とやらされ続けたサラリーマンだけが過労死します。やりたいことをしている、夢を持って仕事をしているあなたが死ぬわけはありません。

ライバル会社と同じことを同じようにやっていても勝つことはできません。では勝つにはどうしたらいいのか。それは長く働くことと早くやることです。

普通の会社が8時間労働なら、あなたは16時間働きます。普通の人が1時間かかることをあなたは30分でやります。これで同業他社の4倍の仕事量になります。人間4人分です。16時間緊張感を持って、とにかく早く手を動かします。走ります。そして土日祭日も働きます。1年間休みはありません。

ここまでやれば成功する「かも」しれません。逆にここまでやらなければ成功どころか、生き残ることもできません。

起業時、私は1年間1日も休まず16時間働いてきました。会社兼自宅マンションで午前9時に起き午前3時に寝ていました。昼間は営業、夜中は原付バイクでポスティングです。土日祭日はもちろん正月も働きました。当時正月の三ヶ日が好きでした。誰も働いていない時に私は働いている。みんながうっかりしているうちに私は前に出られるんだという高揚感さえありました。

なぜこんなに働いたのかというと怖かったからです。お金がなくなり会社が倒産するのが怖かったからです。仕事をしているとその恐怖から逃れられるのです。

「1日16時間程度なら働けるよ。土日祭日だって働いたこともあるし、3日ぐらい徹夜したこともあるよ」

安心しました。1日16時間、1日も休まずに5年ばかり働いてみてください。私ができたんだからあなたにもできるはずです。一番の失敗は自分との戦いに負けることです。

第7章

熟年起業について考える

この章で考えておきたいこと

29歳で起業した私もいつしか還暦に近くなってきました。私の同級生たちは銀行の支店長になりバリバリやっている奴もいれば、会社からリストラされてアルバイトをしている奴もいます。中にはこのままでは終われない、もう一旗揚げてやろうという奴もいます。とはいえ、50代60代から起業するというのは、慎重に行わなければなりません。こう言ってはなんですが、若者とは違うのです。事業に失敗したら後の人生が悲惨なことになるかもしれません。また30年後にはこの世にいない可能性も高いのです。

この章では、熟年起業について、考えていきます。今現在、30代40代のあなたも、いずれは50代を迎えますので、未来のことを思い描きながら読み進めていただければと思います。

72 終わりを決めておく

最初から終わりを決めるというのも難しいと思いますが、だいたいでいいので、何歳まで会社を経営するか決めておきましょう。

たとえば起業して10年後に会社を解散したとします。うまくいっていれば、誰かを社長にという道もあるかもしれませんが、会社は赤字、借金もたくさんあるという場合には、結果的に全員を解雇することになります。

ここで考えておきたいのは、若者は再就職できますが、高齢になっている社員は再就職できないということです。熟年起業するならば、人を雇う時も慎重に行わなければなりません。だいたいの終わりを決めておけば、何歳ぐらいの人を雇ってもいいか見当がつきます。

また自分自身の問題、自分の終活も考えておく必要性があります。会社を経営しました。失敗しました。借金がたくさんあります。年金も使い果たしました。さてどうしましょうということになったら大変です。

ですから会社経営を終わらせた時に、お金はいくら残しておくということを事前に決めておいたほうがいいでしょう。極論を言えば、熟年起業はお金を使わない、人は雇わない、雇ったとしてもアルバイトしか雇わないことが最良だと思います。

夢のない話ばかりで恐縮です。とはいえケンタッキーフライドチキンのカーネルサンダースがフライドチキンで成功したのは60代です。熟年にもまだまだチャンスはあるのです。

73 今までの人脈を活かした新しいネットワークを築く

昔の肩書は通用しないと前述しました。熟年にもなると相当、前職で偉かった人もいると思います。

だからといって、それをあなたの新しいビジネスに利用できるかどうかというと微妙なところです。それに、昔の知り合いにあなたが販売する商品を無理して買ってもらう、契約してもらうというのもなんとなく気が引けるもの。

しかし、今までの人脈を活かせないのは、なんとももったいない話です。

そこで、もしコンサルタントのような仕事を選択するならば、オススメなのは知り合いにさまざまな団体を紹介してもらい、入会するという方法です。こういう話なら昔の知り合いも喜んで紹介してくれるはずです。大きな団体や有名な団体は紹介がないと入れないものも多いですし、ある程度、昔の肩書がないといづらい団体もあります。

熟年ならではのメリットとして、若い起業家では相手にされないような有名団体に入れることは今後のビジネスにプラスになるでしょう。こういう団体で他の人との親交を深めながら、あなたのビジネスのための新しいネットワークを築いていきます。団体の名称の入った名刺をもらえるならば、信用度も増しますし、他の人から紹介を受ける際もスムーズです。

日本人は、どこそこに所属している人なのかを重要視する民族です。新しいビジネスのために新しい肩書きがあると活動の幅が広がるのではないでしょうか。

74

経営がうまくいっていない人とビジネスをしない

起業すると、大企業時代には出会わなかった人にたくさん出会うと思います。オレオレ詐欺ではありませんが、熟年をだまそうとする人は多いような気がします。若い起業家のように貧乏ではなく、お金を持っている熟年起業家は、いいカモなのです。

本当の悪人、詐欺師は話がうますぎたり、雰囲気や言動がおかしいなど、違和感があるので今までの人生経験でなんとなくわかると思います。一番、困るのは商売のセンスがない人、あまり仕事がうまくいっていない人です。

「プロモーションをするので、交通費や備品を買うお金だけ先にいただけませんか」

「あなたのビジネスのためにコレを仕入れなければならないので前金でいただけますか」

こういうことを言う人が、ちょっとヤバイ人です。

たいていこういう経緯をたどります。

①あなたからお金を受けとりました。
②仕入れをしようとしました。
③しかし別件で今スグお金を払わなければならない事態に陥りました。
④しかたなくあなたから受けとったお金をそこに払ってしまいました。
⑤なんとかお金を工面しようと思いましたがうまくいきません。
⑥あなたにお金を使ってしまいましたとも言えません。
⑦あなたはいつまで経っても商品が届かないので、この人の携帯電話に連絡します。
⑧しかし電話には出ません。
⑨そしてしばらくして、この電話番号は現在使われていませんとなります。

いやにリアルでしょ。私、恥ずかしながらこういうことにたくさん遭遇しています。昔、当社に1本の電話が入りました。

「おむつの代金を支払ってもらいたいんですが」

うちはずっとコンピュータの会社なので赤ちゃんのおむつを扱ったことはありません(笑)。

話を整理するとこういう話です。ある商社がおむつを仕入れてディスカウントショップへ売りました。おむつの代金はディスカウントショップから先に支払ってもらったそうです。

仕入れ先にお金を支払おうとしましたが、他に支払いがあったのでそちらに先に支払ってしまいました。結局、社長は逃げてしまったらしいのです。

その時になぜかその社長から当社の名前が出たらしく、おむつの会社から逃げてしまった社長のかわりに代金を支払ってほしいという電話がかかってきたのです。むろんうちが支払う義務はありませんから丁重にお断りいたしました。

商売のセンスがない人とはビジネスを行ってはいけません。その人に悪気はなくても結果的にあなたのお金を使ってしまうのです。

ある社長が「私は宗教とか占いとかまったく信じないんだけど、ついてない人と仕事をすると、いつもどこかで失敗しちゃうんだよね。いい話であっても、こういう貧乏神の匂いがする人とは仕事をしないようにしているんだ」と言っていました。

75

友達や同僚と起業しない

友達や同僚とは一緒に起業しないことです。

私の知り合いで50代の仲間3人で起業した人がいました。私はやめておいたほうがいいですよと言いましたが、首をふってこう言いました。

「三十年来のつき合いなんです。気心も知れています。三本の矢は折れないっていうじゃないですか」

そして半年後、三本の矢は跡形もなく粉々になりました。

「この仕事がうまくいかないのはあいつのせいだ」

「あの人がこの話を断ってしまったからお金が入らなくなった」

3人で責任のなすり合いです。そして会社は倒産しました。

起業してからの付き合いというのはサラリーマン時代のつき合いとは全然違うのです。

お笑い芸人でもよく聞きますよね。親しいからコンビを組んだもののその後、仲が悪くなり、仕事の時にしか会わない。それどころか、相方の住所も知らない。

こういうことと同じです。サラリーマン時代には社長や上司という共通の敵（？）がいたのです。社長は文句は言いますが、給与は毎月きちんと支払ってくれます。

しかし起業してしまうと、毎月給与がもらえるとは限りません。むしろ預金をとり崩す方が多くなります。考え方の違いから言い争いも多くなり、ついに同僚が敵に変わってしまうのです。

そしてそれだけに留まりません。会社は解散し、今度は資本金の分割や借金の支払い割合で戦うことになるのです。友達や同僚と起業してうまく行った人を私はひとりも知りません。

それでももし一緒に事業をしたいというのであれば、お互いに起業し、別の会社として共同で受注する、一緒に仕事をするというのがいいでしょう。これなら会社の方向性が変わっても喧嘩になりませんし、いい友人関係が築けると思います。今まで長くつき合ってきた友達や同僚なら死ぬまで親交を温めたいものです。

76

起業したら笑顔で愛想よく

若い頃、入居していたビルの駐車場の管理人がイヤに横柄だったことを覚えています。ちょっとしたことですぐに怒る、融通が利かない、こちらがヘコヘコしないと言うことを聞いてくれない。こちらがお客様なのにとずっと不思議に思っていました。

この齢になり、わかったことは、昔、大きな会社にいた人は、会社を定年退職した後もいばっているということです。自分は普通の人よりも偉いと本当に思っている人もいるのです。人から聞いた話ですが、1万人以上の社員を抱える企業で高い肩書を持っていた人は、退職後も気位が高い人が多いそうです。

私にもこういう経験があります。

ある時、知り合いを通じて大手製紙会社の部長から突然呼びだされたことがあります。

初対面でしたが、彼からこんなことを言われました。

「井上君さぁ、俺の同級生がリストラされちゃったのよ。だからさぁ、君の会社で雇ってあげてよ。月に20万円、１年間は製紙会社が負担するから。頼むよ」

こんな具合です。後から聞いた話ですが、この人は世の中を動かしているのは政治家でもなく、トヨタでも日立でもなく、自分の会社なんだと心の底から思っているのだそうです。

パーティやレセプションでもこの手の「昔は偉かった爺さん」たちによく会います。みなさん鼻持ちならない人ばかりです。

こんな爺さんに仕事を頼む人なんていませんよね。あなたが前職でスゴく偉かったにしても、退社したら普通の人なんです。起業しないで隠居するなら、自分が偉いと思ったまま過ごしてもいいでしょう。

しかし、お客様からお金を頂戴するのであれば、まず笑顔、そしてお辞儀なのです。

77

趣味は商売にならない

今まで会社で頑張ってきたんだから、定年退職後は悠々自適に好きなことをビジネスにしようという人がいます。

「儲けるつもりは一切ない」

「自宅を会社にして趣味で仕事をしたいだけ」

というのであれば大賛成です。ある意味、定年後の人生設計としては理想的な形です。

しかし、生活できるくらいのお金は儲けたいというのであれば、趣味を仕事にするのは止めたほうがいいでしょう。趣味というのはそもそも商売になりづらいのです。趣味だから頑張れるというのもあるでしょうが、会社経営はそんなに甘い話ではありません。

マーケティングや広告の勉強、ホームページやチラシの作成、経理や請求、給与計算の実務、お客様が来るためのスペースや会社にかかってくる電話はどうするかなど、やることは山積みです。

そんななか、趣味で月に数十万円の利益を上げることは容易ではありません。またゴルフや釣りのように売るもの、つまり「道具」がある場合はまだいいのですが、趣味が山登りや囲碁将棋、俳句だとそもそも売るものがありません。

それでももし趣味で商売をしたいのであれば「少しずらす」ことが秘訣です。ずらすというのは本来の趣味から少しポイントを変化させるということです。

つまり釣りを商売にしたいなら、玄人に素晴らしい釣り竿を売るのではなく、素人を集めた釣り教室や釣りに行く旅行の企画、釣り仲間を集めた魚の捌き方、魚料理の教室のように釣りの周辺ビジネスを行うのです。

ビジネスというのは、実はビジネスそのものよりその周辺のほうが儲かるのです。たとえばパソコン本体を売るよりもパソコン教室、パソコン用品、消耗品などのほうが継続して儲けることができるのです。

78

フランチャイズへの参加

若者起業家と違い、熟年起業家の有利な点はフランチャイズという選択ができる点です。前職の会社からの退職金が潤沢にあり、高齢になっても働きたいという場合にはフランチャイズへの参加は成功への近道といえます。

フランチャイズの利点は事業経験がなくても、本部がイチから指導を行ってくれる点です。彼らは今までの成功事例や失敗事例、ノウハウをたくさん持っています。

ですからフランチャイズへの参加と普通に個人で開業する場合とを比較すると、フランチャイズへ参加するほうが成功する確率が格段に高いといえます。

開業前には一人前になるまできちんと指導してくれますし、開業後はフランチャイズ本部が、さまざまな支援をしてくれます。

有名なフランチャイズならば広告や宣伝を独自に行わなくてもお客様が来店してくれるメリットもあります。仕入れも本部が一括購入することにより安く仕入れることができます。

一方で、悪いフランチャイズにだまされたという話も聞きますが、最近はインターネットの口コミを調べることによりある程度回避できると思います。加盟金が高い、ロイヤルティを支払わなければならないというデメリットもありますが、ノウハウを教えてくれる代金としてはしかたがないところです。

熟年起業家にとっていいことが多いフランチャイズですが、もちろんデメリットもあります。

一番大きいのが、せっかく起業したのに人の言うことを聞かなければならないという点です。フランチャイズに参加した場合はチェーンとして統一性を保つために本部が決めたルールを守らなければなりません。フランチャイズに参加しているお店が勝手なものを売ったり、個人のアイデアで店を運営することはできません。店のイメージ、取り扱い商品、サービス、メニューなどすべて本部の経営方針に従わなくてはなりません。勝手に営業時間を変えたり突然、店を休みにするといったことはできません。もちろん契約期間の途中で事業を終わりにすることもできません。

また、フランチャイズに参加すれば、仕事をしなくても儲かるということではありません。

私が学生時代にアルバイトをしていたコンビニエンスストアの店長は脱サラしてフランチャイズに参加しました。店長は売上を上げるために1年間ほとんど休まず一日20時間近く働いていました。フランチャイズといっても楽に儲かるわけではないということです。

とはいえ、フランチャイズへの参加は成功する確率が一般的な起業より高いですし、成功したら店長を雇ってオーナーとして店舗を拡大するということもできます。フランチャイズのオーナーとして20店舗を経営し、年収1億円という人もいます。

79 人間関係が熟年の強み

私が起業して一番困ったことはコネもツテも何もないことでした。

29歳で起業したため、同僚も友達もみんな平社員です。インターネットもなかったので、困ったことがあっても調べることもできません。広告も本を読んで見よう見まねで作りました。

ある時、チラシを印刷しようと思いましたが、どこに頼んでよいかわかりません。そこでタウンページを見て印刷工場に直接行きました。相場もわからないので、印刷工場の人に言われるがままにお金を支払いました。

Ａ４ペラのチラシ４、０００枚で十数万円です。後で知り合いに聞いたら相場の２倍ということでした。

熟年起業の強みは、人間関係です。知らないことがあっても聞く人がいることです。仕事を頼める人がいることです。これはすごく大きな資産です。

いくらコンピュータが進化し、社会が進歩しても結局商売というのは人間関係なんです。熟年だからこそ成功するということも多いのです。知り合いの知り合いをたどって素晴らしい人と知り合うことができるのも、熟年起業のよさとも言えるでしょう。

第8章

起業して成功するためのヒント

この章で考えておきたいこと

私が起業してからすでに25年が経ちました。会社を立ち上げた当時、私にいろいろ教えてくれた社長、ライバル会社の社長、同じ頃に起業した社長は、たくさんいました。

しかし今はほとんどの人がいなくなりました。多くは倒産してしまったのです。なぜ私は残れたのかというと、「経営神経」が少しよかったからです。自慢ではありません。一歩間違えたら他の人と同じ道を歩んだのは間違いありません。

運動神経がいい人がいるように、経営神経がいい人もいます。経営神経が発達していると、「こっちに行ったらまずいな。おおこれは今後スゴイことになるぞ」といったある種の勘が働きます。運動神経と違って経営神経は、いくらでも後から身につけられます。

では、どうしたら経営神経が身につくのかというと、本をたくさん読み、たくさんの優れた人と会うことです。先ほどある種の勘と言いましたが、この勘がよくなるには大量の知識が必要です。知識があればあるだけ気づきが生まれ、勘がよくなっていきます。

最後の章では『私の勘』で、これから来そうな未来のこと、これからの起業家のためにヒントをお話ししようと思います。

80 売れるまでには時間がかかる

起業してしばらく経っても、なかなか売上は上がりません。そしてあなたはこう思うのです。

「なんでうちの商品のよさがわからないのかなぁ。みんなバカだなぁ。あんなもの買うならうちのほうがずっといい商品だし、サービスもいいのに」

なーんて思うのです。かくいう私も某メーカーとまったく同じものを１／３の価格で販売しました。広告もたくさん出しました。でも全然売れないのです。当時は本当に不思議でした。

しかし、今ならわかります。「なぜ売れないのか」、それは『私の会社』が売っているからです。誰も知らない、聞いたこともない。商品がまともかどうかもわからない。そんな会社からは誰も買わないのです。

では、当社が素晴らしいとわかってもらうにはどうしたらいいか？

それは時間しかないんです。

「長い間、地道に販売しているし、広告もよく来るなぁ。もしかするといい商品なのかな。近所の人で使っている人いないかなぁ」

お客様は皆、こんな具合です。人の感覚を変えるには時間がかかるのです。

ちなみに私が売っていた先ほどの商品も、しばらくしてから売れるようになりました。何も変えていません。価格も広告も同じです。資金繰りに怯えながら、地道に広告をし続けたのです。

するとある時からなぜかポツポツと売れはじめました。

次に、弊社のクラウドシステムのお話をしましょう。

フリーウェイシリーズは当初、300ユーザーでした。1年経っても、1、000ユーザーに届きません。しかもすべて無料のユーザーです。社内は「また社長の道楽で」という雰囲気です。

しかし、私はその後も無料の給与計算、タイムレコーダーと作り続けました。するとポツポツとユーザーが増えはじめました。ユーザーは1万になり、10万を超え、18万になろうとしています。今は月に4、000ユーザーずつ増えています。いくらいいものでも、みんなが知るまで、売れるまでには時間が相当かかるのです。

ではどの程度かかるかというと、１年半です。理由はわかりませんが、今まで行ってきたビジネスが立ち上がるまで何でも１年半でした。逆に２年経ってもダメなものはダメでした。

商売には忍耐と見切りが必要です。売れるまで地道に活動することも必要ですが、やめないで悩んでいると時間もお金もどんどんなくなってしまうこともあります。

ですから、最初からある程度、この事業はいつまでにこのくらいなければやめるという目安をつけてスタートしておくべきです。

81 出し惜しみしない

ホームページに全部書いてしまうと、問い合わせが来なくなるから、少しだけ掲載しようという人や、お客様にはノウハウはなるべく小出しにしようというコンサルタントに会うことがあります。

こういう人を見ると「なんかせこいな、たいした知識でもないのに」と悪い印象を受けます。私は人にはノウハウを全部公開していますし、聞かれれば知っている知識は何でも教えています。

あなたがもし全部教えてしまったら、その後は空っぽになってしまうのであれば、そもそもその仕事をする資格がありません。知識というのは日々努力し学んで蓄積していくものです。一定の知識を切り売りするだけで一生、会社を経営できるはずがありません。

また、ノウハウや知識を出し惜しみしない理由は、相手から尊敬されるためです。どんなにスゴイ知識でも少しだけでは「実はたいした人じゃないのかもしれない」と思われてしまいます。起業家が成功するために、人から尊敬を集めるというのは重要なことです。すごい人を知ると皆、誰かに教えたくなるんです。しゃべりたくなるのです。

「実はこんな人に会ったんだよ。業界のことを何でもよく知っているし、周辺知識も豊富なんだ。いやスゴい人なんだよ。今度紹介するよ」

と勝手に宣伝してくれます。そこからさまざまな人と出会い、大きな仕事につながることもあります。

当社はクラウドメーカーですが年商数千億円の上場企業や有名保険会社、大手化学薬品メーカーなどさまざまなサイトを作ってきました。当社は中小、零細企業向けのクラウドメーカーですが、評判を聞いてさまざまな会社から制作依頼が来るのです。

昔、生命保険の代理店のＴＯＰの人とお話しした時のことです。その人はとにかく圧倒的な保険の知識、金融の知識を持っていました。

私は居酒屋で3時間もの間、その人の話にずっと聞き入っていました。そして店から出る時に私は彼に「うちの会社の保険はあなたに全部任せますよ」と言いました。こんなにすごい知識を持っている人なら間違いないと思ったのです。

82

エンドを決める起業

私が会社を起こした頃、会社が歩む道は2つだけでした。それは「成功」か「倒産」です。しかし、最近はもうひとつの選択、「売却」という方法が出てきました。

その背景として、さまざまな企業が業績アップを急いでいるというのがあります。手っとり早い方法が会社を買うことです。顧客も社員もノウハウも一気に手に入ります。

そういうこともあり、私の会社にも「どこかいい会社ありませんか」と聞きに来る人もいます。

昔は死ぬまでこの会社と添い遂げるんだという社長がほとんどでしたが、最近は次のステップ、自分が本当にやりたい会社を作るために、最初から会社売却を考えて会社を設立する人もいます。

私はこういう人を否定しません。同族が生活するために会社を二代目に譲り、なんとなく会社経営をしている人より、ずっと社会のためになります。

では、売れる会社とはどんな会社かというと、自社ではできないような変わった技術を持った会社、独自のノウハウを持った会社です。素晴らしい商品や最先端の技術を持っていなくてもいいのです。飲食業でも他の店がマネできない特別なレシピ、変わった客層というのもありかもしれません。

知り合いから「船にコンテナを積むシステムを作ってほしいという会社があるんだけど、今度紹介するよ」と言われ、しばらくしてからその会社にお伺いしました。

担当者からお話を聞くと、ソフトのリース料金だけで月に１、０００万もかかっているのだそうです。実際にそのソフトを見せてもらうと、システムとしてはたいしたものではありません。

しかし、よくよく調べてみると、ノウハウがスゴい。担当者には「申し訳ありませんが、お金をいくら頂いても、当社ではこういうものは作れません」とお断りいたしました。

何がスゴかったのかというと、あらゆる船の詳細なデータがそのソフトには搭載されているのです。ありとあらゆる船のデータやコンテナの形状などが網羅されていますし、積み荷がたくさん載せられて船が安全に走行できるコンテナの配置を自動計算する機能など、ノウハウの塊のようなソフトです。

ちなみに船にコンテナを載せるときには、天候も考えなければならないそうです。風が強い時は重いコンテナを真ん中にする、強くない時は一番下に配置するそうです。ソフトのレベルとしてはたいしたものではありませんでしたが、このノウハウは真似できません。こういう特別なものを持った会社なら売却は可能でしょう。

起業する時に売却を考えるというのもへんな話ですが、これからの起業はこういう考えがあってもいいかもしれません。

83 作らず創る

日本では「ものづくり」をする人を称える気質があります。町工場から世界へ、日本の技術力に世界が驚愕みたいな「ものづくり」。匠の技というかそういうものを私も尊敬はしますが、好きではありません。

なぜ、世界の人が匠の技を磨かないかというと、どうでもいいからです。

「そんなものは買ってくればいい。作らせればいい」

そう考えているのです。日本の匠の技というのは、磨くとか削るなどの加工技術や、すでにあるものを精巧に作る技術にすぎません。作るであって、創るではないのです。

あなたのパソコンに日本人が創ったソフトはいくつ入ってますか？

ワード、エクセル、フェイスブック、ＬＩＮＥ、Ｇメール……。日本人が創ったものはほとんど入っていないのではありませんか？

「日本人はイチからものを作るのが好き」

これが世界で日本が戦えない理由のひとつです。何か作ろうとすると日本人はパーツをどこかから持ってきて組み立てるのではなく、イチから部品を自分自身で制作し、匠の技で完成させようとします。

昔、某銀行からインターネットにデータを保管するシステム、いわゆるストレージシステムを販売してくれないかという話が来ました。

今から十数年前の話です。当時ストレージシステムはまだあまり普及していなかったため、私はその話に乗ることにしました。某銀行は4、000万円のお金をかけ、半年がかりでシステムを完成させました。早速、私はそのシステムにアクセスしました。

しかし、なぜか異常にスピードが遅く、数人で接続すると動かなくなるのです。これでは売れませんよと言うと、もう少し早くなるのでしばらく様子を見てほしいとのことでした。しかしその後、数か月経ってもたいして早くはなりません。

私「申し訳ありませんが、このスピードでは売れませんよ」

担当「いや今さら、そんなことを言ってもらっても困ります。サーバーも増強します」

私「いやサーバの問題ではなく、技術力の問題だと思いますよ」

担当「そんなこと言うなら、井上さんの会社でも作ってみればいい。結果は同じですよ」

話の流れでいつのまにか、当社でもストレージシステムを作成する羽目になってしまいました。私は当社の技術者にシステム製作の指示をしました。

さて、どのくらいの日数で作れたと思いますか？

たった３日です。しかも某銀行のシステムよりスピードは何倍も早く、バグもありません。かかったお金はわずか数千円です。では当社がなぜ銀行が作ったシステムより優れたものを短い開発期間、安い開発費で製作できたのでしょうか？

それは世界マーケットでソフトウェアのパーツを買ってきたからです。プラモデルを作るように、インターネットに接続するパーツ、データを保管するパーツ、ＩＤとパスワードを保管するパーツなどを組み合わせて作ったので、たった３日で完成したのです。

話は飛びますが、当社と同じ会計事務所をマーケットとするライバル企業は、一部上場企業ばかりです。社員数が数十分の１の当社が、なぜ彼らとほぼ同じラインナップを作れたのかというと、ココに秘密があるのです。

今や世界中の人が誰も考えたことがないものはほとんどないのです。どこかの誰かが考え出し作っているのです。これからの会社はそれらを組み合わせ、発展させ、新しいものを創造することが成功につながると思うのです。

84

借りもの経営

昔は大きな会社の社長でも、自社で銀行を設立したり、電話会社、電力会社を作れると思った人はいなかったと思います。

しかし、今やそれができる時代になりました。特定の顧客、ビジネスのベースさえしっかりしていれば、足りないものは借りてくることで、今はビジネスをスタートさせることができるのです。

こう考えるとビジネスの幅がすごく広がるのではありませんか？

たとえばソフトバンクの孫社長のビジネスはほとんどが借りものです。ソフトバンクは元々、パソコンソフトの流通の会社で、メーカーが作ったソフトをパソコンショップに運送するのが仕事でした。

その後は電話回線を借りたＡＤＳＬや光通信などのデータ通信事業、米国の通信会社を買ったり、電力会社から供給を受けての商売など基本的にすべて他人が作ったものを利用しているだけの会社です。

孫社長が作ったのは唯一、ロボットのペッパーくんだけではないでしょうか？通信事業を行う、電力を買うといった大きな話でなくても、「借りものビジネス」はできます。

たとえば、お客様のところにとりに行く出張クリーニング店というものも考えられます。クリーニングの知識は必要ですが、自社でクリーニングをする機械は不要です。車検代行と謳って、車検は修理会社にやってもらうということもあるでしょう。

何かすでにビジネスとして確立しているものをあなたのアイデアでビジネスにしていくのです。新規商品と違い説明の必要がありませんし実績のある会社と組めばクレームもほとんどないでしょう。何か、あなたが他社から借りられるものを一度整理してみたらどうでしょうか？

85

ネット世界での勝者

ネット世界では、勝者がどんどん入れ替わっています。

昔、企業はYahoo!へ掲載してもらうために必死でした。掲載審査料も5万円と高い上に、必ず掲載してくれるとは限りませんでした。

そして時代は流れ、無料ホームページからブログへ移り、SNSが登場。SNSもミクシー、ツイッター、フェイスブック、LINEへと移り変わっていきました。急速に変化するコンピュータやネット世界の10年先は私も読めません。ただなんとなく予測していることがあります。それは情報です。

昔はインターネットサイトにバナー広告を貼るというのが一番の広告手段でした。

しかし、今は誰が見るかわからないサイトにバナーを貼るより、自分の顧客になる可能性が高い人に効率的な広告手段をとる会社が多くなってきました。あなたのパソコンでネットに繋いでみてください。なぜかあなたの業界、あなたの志向に合った広告が表示されていますよね。では、ちょっと隣の人のパソコンを覗いてみてください。たぶんまったく違う広告が表示されているはずです。

これが情報、いわゆるビッグデータです。ネットはあなたが興味のある事柄をなぜか知っています。これはあなたが検索したワードだけでなく、さまざまな情報をつなぎあわせて表示しているのです。故に彼らは常にレアな情報をほしがっています。

これからのネット世界の勝者は、コンテンツ満載の有名サイトを運営することでも、面白いゲームソフトを開発することでもありません。何に興味があるかどんなことをしている人で家族構成はどうなっているのかといった詳細な個人情報を、たくさん持っている会社が勝つのではないかと私は考えています。

86

会社が伸びるには3人必要

あなたは起業してしばらく経ち、ようやく軌道に乗ることができました。そしてこれからはもっと会社を伸ばしていこうと頑張ります。あなた自身も寝る間も惜しんで働きます。会社では画期的な新製品を出し、広告を打ち、社員を雇います。

ところが、会社はなかなか大きくなりません。売上はある程度で頭打ちになり、その後一進一退を繰り返します。

なぜかそうなるかというと、会社が伸びるには社長の他に、あとふたり必要だからです。ではどんな人たちかというと、『必ず売る人』と『必ず社内管理をやり遂げる人』です。そこそこ売る人、ほぼミスがない人はどこにでもいます。しかし、必ずやる能力と気迫を持った人は少ないのです。

ベンチャー企業として上場した数社の取締役に、「貴社が上場できたのは何が理由ですか」と聞いたことがあります。あの戦略が当たったとか、この商品が爆発的に売れたといった答えが返ってくると思いきや、そうではなかったのです。

「○○さんと○○さんがたくさん売ったから」

「○○さんがきちんと社内整備を行ってくれたから」

こういう個人名が出てくることがほとんどでした。上場企業といっても、結局は個人の力が大きいのです。

つまり、あなたが会社を伸ばすためには、優れた人を雇うことが必須なのです。優れた人を雇うことができないと、売れない時は社長であるあなたが営業し、社内でミスが起こったら、あなたが社内整備をするということになります。それによりあなたは本来の仕事、社長の仕事ができず、結果的に会社がずっと停滞してしまうのです。

成功している会社や上場企業には必ず優れた人がいます。逆に優れた人がいない会社で、うまくいっている会社はありません。会社が次のステップに進むためにあなたの重要な仕事は、さまざまな方法を駆使して優秀な人を探すことなのです。

87

結局何のために起業するのか

人間の幸せは人それぞれです。お金持ちになっていい暮らしをする。食べたいものを食べ、いい服を着て、カッコイイ車に乗り、大きな家を建てる……。

こういうことが幸せな人もいます。また、家族を大切にして旅行に行ったり、仲間と楽しくバーベキューパーティをするという幸せもあります。もしこういう幸せを求めるのであれば起業しないほうが無難です。

たまに成功している社長がＴＶに出ていますよね。ああいう派手な暮らしを見ると社長になれば、あんな暮らしができるのかと思ってしまうかもしれません。

名前は言えませんが、オートクチュールの老舗の会社があります。奥さんは元女優、社長はＢＭＷとベンツを毎日交互に乗って出勤します。

しかし、会社は大赤字、自社ビルはもちろん何もかもが抵当に入っています。これが派手な社長の現実です。もちろん本当に儲かっている社長もいますが、こういう社長はまず表には出てきませんし生活も質素です。表に出ることでお金に群がるへんな奴らがやってくるからです。

単純にお金持ちになりたいという理由でなら、起業はすべきではないと思います。たぶんソフトバンクの孫社長やＨＩＳの澤田社長は使い切れないほどのお金を持っていると思いますが、結局、会社経営から離れないですよね。彼らは会社を経営するということ自体に価値観を持っているのです。会社経営という方法で自分の力を試したいということです。

スポーツも同じですよね。お金だけなら野球選手として多額の年俸をもらい、ある程度で引退して、不労所得で暮らすという方法が一番賢いやり方だと思います。でも、そうしないのは、野球という方法で自分の力を試したいからだと思います。

フリーウェイジャパンが、なぜ起業家むけにクラウドシステムを無料で提供しているかというと、会社経営という舞台で戦おうとしている起業家に、少しでもうまくいってほしいという願いです。

そして、もうひとつは……、「うちのシステムを使って大成功しましたという社長がこの間、会社に挨拶に来たんだよ。俺は偉そうに、キミもがんばったね、なーんていっちゃったよ、はっはっはー」という自慢話を私はみんなにしたいのです。

おわりに

本を書き終えて「なんだか夢のない話ばかり書いてしまったなぁ」と少し反省しています。

しかし、これが起業の現実なんです。

ある日、大型書店に行って起業の本を何冊か立ち読みしました。なんともくだらない本ばかりで目眩いがしました。

本書を書いたのは、これがきっかけです。

「口コミでお客様が来る」

「SNSの『いいね！』を集めろ」

「成功している自分を思い描けば現実化する」

はぁ？ そんなことでお客様が来るなら、手間はありません。

嫌われても嫌われても毎日、飛び込み営業、朝から晩までビラ配り。営業先からはもう来るな。バカ、死ね、マヌケとメールが来る。これが起業の現実です。でもこれをしないと会社は倒産してしまうんです。

会社経営はほんとうに大変ですが、面白いのも事実です。自分の作戦が当たって儲かった時や、プロジェクトが成功した時の仲間との呑み会。これは爽快な気分です。

究極のゲーム。それが会社経営です。起業を成功させ、ぜひ私の会社に遊びに来てください。あなたの苦労話、自慢話を聞かせてください。

株式会社フリーウェイジャパン
代表取締役　井上達也

■著者略歴

井上　達也（いのうえ　たつや）

1961年生まれ。株式会社フリーウェイジャパン代表取締役。株式会社日本デジタル研究所（JDL）を経て1991年に株式会社セイショウ（現、株式会社フリーウェイジャパン）を設立。当時としては珍しく大学在学中にマイコン（現在のパソコン）を使いこなしていた経験と、圧倒的なマーケティング戦略により、業務系クラウドシステムでは国内最大級のメーカーに急成長させる。中小企業のITコストを「ゼロ」にするフリーウェイプロジェクトは国内の中小企業から注目を集め11万ユーザー（2016年9月現在）を獲得。多くの若手経営者の支持を集めている。著書に「小さな会社の社長の勝ち方」「伸びる税理士事務所のつくり方」（明日香出版社）などがある。

本書の内容に関するお問い合わせ
明日香出版社　編集部
☎(03) 5395-7651

起業《きぎょう》を考《かんが》えたら必《かなら》ず読《よ》む本《ほん》

2016年　9月　22日　初版発行
2018年　2月　3日　第15刷発行

著　者　井《いの》上《うえ》達《たつ》也《や》
発行者　石野栄一

明日香出版社

〒112-0005 東京都文京区水道2-11-5
電話 (03) 5395-7650（代表）
(03) 5395-7654（FAX）
郵便振替 00150-6-183481
http://www.asuka-g.co.jp

■スタッフ■　編集　小林勝／久松圭祐／古川創一／藤田知子／田中裕也／生内志穂
営業　渡辺久夫／浜田充弘／奥本達哉／野口優／横尾一樹／関山美保子／藤本さやか　財務　早川朋子　AFP　平戸基之

印刷　美研プリンティング株式会社
製本　根本製本株式会社
ISBN 978-4-7569-1855-0 C2034

編集担当　古川創一

この５年売上が伸びてない会社のお金が残る経営 ＜時代即応版＞

池永　章

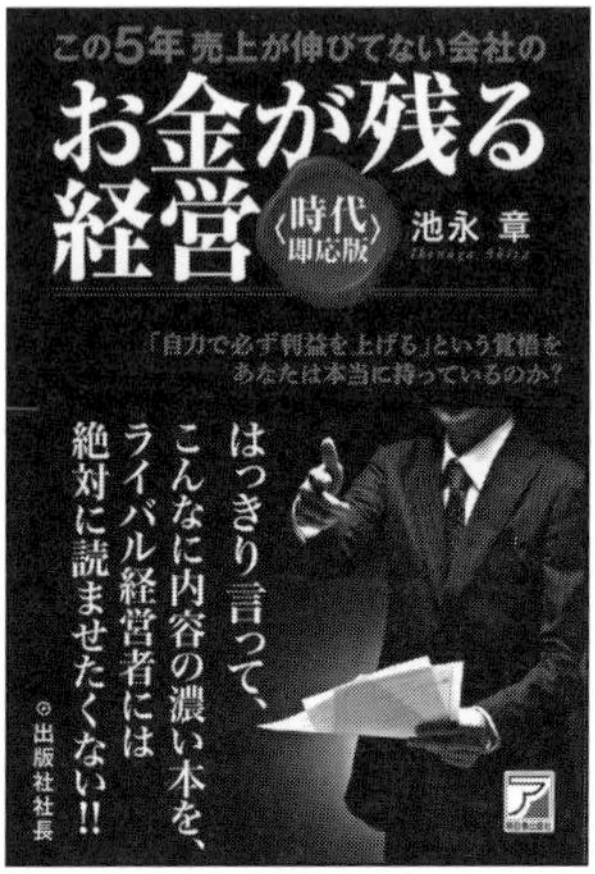

この厳しい時代、会社の売上が徐々に減ってきているという状態なら、社長はまず覚悟をもって経営の質を変える必要があります。今までの、マネジメント、営業戦略、会計の知識、コスト管理、資金調達などの今一度見直しをすることが大事。経営改善をはかりたいなら、有効な一冊！

本体価格 1600 円＋税　Ｂ６並製　232 ページ
ISBN978-4-7569-1744-7　2014/12 発行

目標を「達成する人」と「達成しない人」の習慣

嶋津　良智

意識が高く努力すれど、その努力が報われない……。そんな人はもしかしたら、目標達成の手順を踏んでいないかもしれない。ダメサラリーマンから上場企業の社長になった著者自身の経験を交え、「目標設定」「実行力のつけ方」「タイムマネジメント」「人の巻き込み方」などを紹介。

本体価格 1400 円＋税　Ｂ６並製　240 ページ
ISBN978-4-7569-1669-3　2014/01 発行

「儲かる社長」と「ダメ社長」の習慣

上野　光夫

元・政府系融資担当を 26 年勤めてきた著者だからこそ、どういう社長が成功するのかがわかる。さまざまな業種の社長の実例（成功例と失敗例）をふんだんに交え、儲けられる社長像にせまる。

本体価格 1500 円＋税　B 6 並製　240 ページ
ISBN978-4-7569-1664-8　2013/12 発行

「稼げる男」と「稼げない男」の習慣

松本　利明

外資系企業で人事コンサルをしてきた著者が、今まで多くの人を見てきた中で、成功を収めている人、失敗してしまう人の特徴を、エピソードを交えて紹介する。仕事のやり方や考え方からライフスタイルまで解説。

本体価格 1500 円＋税　B 6 並製　224 ページ
ISBN978-4-7569-1753-9　2015/02 発行

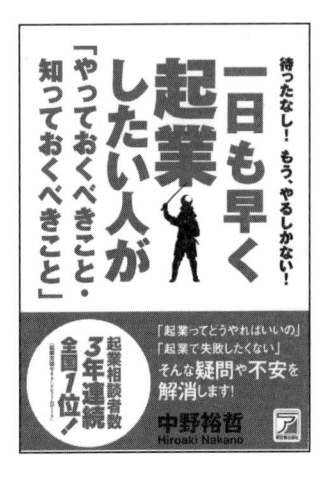

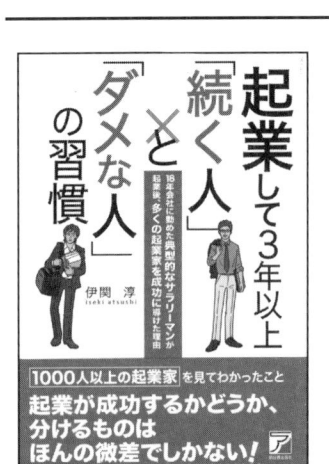

絶対に後悔しない！　45歳からの起業の心得

上野　光夫

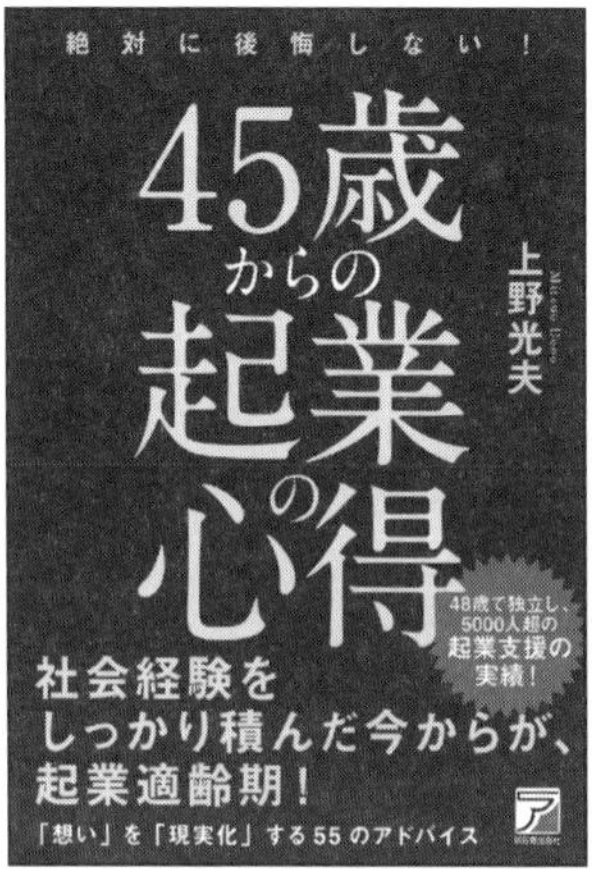

「45 歳という年齢。もう転職できる時期はすぎた。いっそ独立しようか」なんて悶々と悩んでいる人に向けた、起業心得本。48 歳から起業した著者の体験や、起業支援された方の話も織り交ぜながら、準備の仕方やマインドセット、経営スキル、ビジネスモデル構築法、お金の話を中心に、うまくいく起業家としての心構えを学ぶ。

本体価格 1500 円＋税　B 6 並製　264 ページ
ISBN978-4-7569-1829-1　2016/04 発行

仕事の一流、二流、三流

俣野　成敏／金田　博之

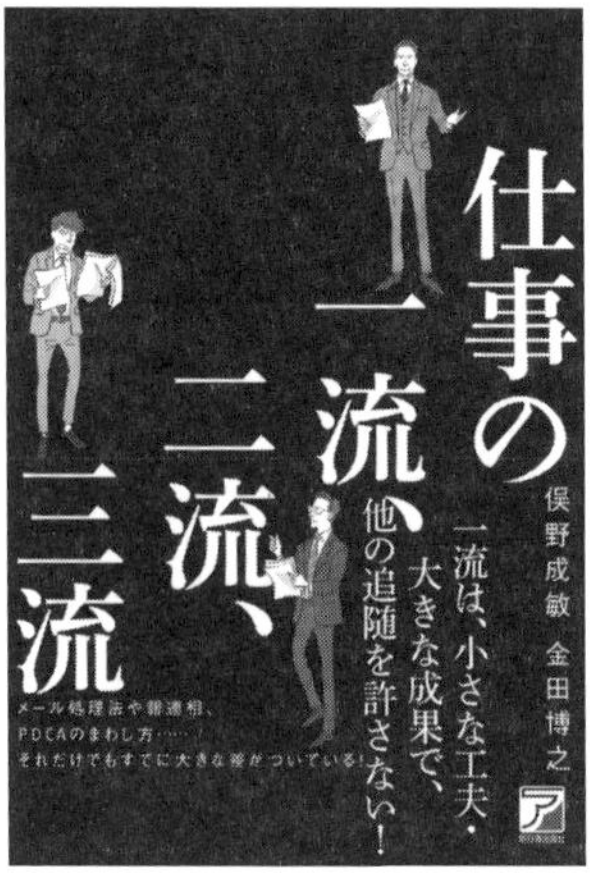

一流社員の仕事へのこだわり、考え方、そして進め方に触れることで、一流の仕事人になれる！　ビジネススキル、コミュニケーション、計画・実行、効率化など、実は一流と言われている人は小さなこだわりで他の追随を許さない。著者２人の体験談をはさみながら、三段論法で紹介していく。

本体価格 1400 円＋税　B 6 並製　208 ページ
ISBN978-4-7569-1841-3　2016/06 発行